The Cutting Edge of Cognitive Science

越境する認知科学

日本認知科学会 編

8

ファンカルチャーのデザイン

彼女らはいかに学び、創り、「推す」のか

岡部大介 著

共立出版

「越境する認知科学」刊行にあたって

　21世紀に入り，20年が経とうとしている。この間，認知科学は飛躍的な変化を遂げた。その結果，前世紀には存在しなかった，あるいはきわめてマイナーであった分野が，認知科学の表舞台どころか，中心に躍り出ることになった。

　こうした分野の1つに「身体」がある。従来，身体は単に情報の入り口，認知の出口として捉えられてきた。しかしこの分野の展開により，身体は知性の重要なパートナーであることが明らかにされた。また「社会」，「環境」もそうだ。以前の認知科学は，個人の頭の中の働きを探る学問とされてきた。しかし，近年の研究は，社会と知性は二重らせんのように，よじれあいながら人を特徴づけていることを明らかにしてきた。そして「創造」，「創発」。あらかじめ決められたプログラムの実行としての認知ではなく，個と場との相互作用による創発，創造が認知の本質であることが示されつつある。

　このような変化は，「越境」に支えられている。従来の研究領域，方法の境界を越え，他分野の研究者，そこでの知見との対話と協力が，認知科学を拡大，深化させてきた。越境先は，脳科学，ロボット科学，進化論，哲学，社会学，芸術，フィールドワークなどさまざまである。こうした次第でシリーズ名を「越境する認知科学」とした。

　本シリーズの著者たちは，まさに越境を通して，新しい時代の認知科学を牽引してきた一線級の研究者ばかりである。野心的でありながらも，緻密な論理に貫かれた彼らの研究を通して，新時代の認知科学が明らかにした知性の姿を読者と共有できれば幸いである。

「越境する認知科学」編集委員会

はじめに

　腐女子やコスプレイヤーが創るファンカルチャーに首を突っ込み，大小さまざまなイベントに集う人びとにインタビューをしてきて，20年くらいになる。最初は，研究室の学生に知り合いの同人誌作家を紹介してもらったり，コスプレの衣装製作のために東京都荒川区の日暮里繊維問屋街や100円均一ショップ，東急ハンズに買い物に行く時に同行させてもらったりしていた。初めてコスプレのイベント会場に連れていってもらった時は，どう過ごすべきかよくわからぬまま会場の片隅で眺めているだけだった。何をして良いかわからないけれども，とにかく一緒にその場にいることから始めるほかないようだった。

　同人誌即売会やコスプレイベントにおいて，会場の隅っこで何気なく全体を見渡すと，カラフルな色調からうける華やかさにまず目を奪われる。しかし，わたしが目にしていることが，何か世の中の強い興味をひく研究につながるか否か，または脳みそが揺らぐような学術的貢献につながるかと問われると難しい。イベント会場のコスプレイヤーを実際によくよく見てみると，座っておやつを食べている時間の方が長かったり，スマートフォンをいじっていたり，気づくとなんとなく撮影場所を変えたり，どこか全体的にのんびりとした印象を受ける。

　インタビューを通して聞きとる彼女らの発話の内容は，わたしたちが生きる世界の片隅でなされるひとりひとりの生活の物語にすぎない。けれども，ファンカルチャーのなかに（も）生きる人びとが訥々と語る当たり前の日常のなかには，わたしたちがどこかに置い

てけぼりにしてきた大事なことがらが埋め込まれているように思われる。その大事なことがらが埋め込まれているところは，もしかしたら，わたしたちがよく知る世界とは仕組みそのものが違う生活世界なのかもしれない。彼女らは，そのもうひとつの生活世界とのグラデーションのなかに生きているのではないかと思えてくる。どう説明，解釈したらいいのかすぐにはわからないが，わからないままに一緒に活動してみることを通して，認知科学の世界で彼女らの振る舞いを表現したくなった。

　わたしたちのよく知る日常を知るために，その異なる日常を支える知恵や仕組み，その日常での生き方や人間関係を明らかにすることがフィールドワーク[1]の目的ならば，ファンカルチャーを通してわたしたちの日常を知ることは，面白い試みになるかもしれない。

フィールド認知科学

　日常生活における知や，日常生活における学習は，認知科学の重要な対象のひとつだ[2]。特にフィールド認知科学と呼ばれる領域では，調査者は「当事者たち自身のリアルな動機や目的に基づく自発的な活動が繰り広げられる場」をフィールドと定義し，「実環境や実生活の中で知能がいかに発現し，駆使されるか」から知の本質に迫ろうとする（伝・諏訪・藤井，2015）。

　フィールドワークにおいて，あらかじめはっきりと問いが見えていることはない。腐女子に誘ってもらうことで，またコスプレイヤーと話してみることで，問いらしきものがぼんやり露わになる。その問いの社会的，学術的意味もまた，事後的に輪郭を帯びる（かもしれないし，帯びないかもしれない）。実際，一見のんびり続いているように見えるファンカルチャーの日常も，何度も調査協力者に会い，インタビューしたり観察したりしていくと，実はメンバーどうしの当意即妙なインタラクションや，それぞれの巧みな工夫によって，なんとか維持されていることがわかってくる。何も起こっていないように見えることも，メンバーによるひとつの達成の姿なのである。のんびりとして見えるファンカルチャーの日常は，腐女子やコスプレイヤーひとりひとりの行為の連鎖で維持されている。

　たとえば同人誌を愛好する腐女子のコミュニケーションに耳を傾けてみる。「腐女子」とは「婦女子」を自嘲的にパロディ化した言葉で，狭義にはボーイズラブの作品を愛好する女性のことである。ある腐女子が，自分が深く強く好む作品やキャラクターの解釈について，他の腐女子との間にズレを感じとった際，彼女らはどのように相手と理解を探り合い，さらなる面白さや愉しみを見出していくのだろうか。「その読み方もわかる」とか「まあ，それならこういったストーリーもありだよね」という，ともに歓びを生成していく彼女らの（「対話的な学び」ともとれる）コミュニケーションは，

共愉や共創のヒントになるかもしれない。

　たとえばコスプレイヤーの衣装製作場面を観察してみる。コスプレのイベント本番に向けて準備をする際，コスチュームや小道具を見栄え良くつくるための術と「民衆による自律的な探究行為」は，今やソーシャルメディアの集合的な知に埋め込まれている。特定の誰かに向けられるのではなく，コスプレという活動全体に向けて惜しみなく術がギブされ，有益な術はソーシャルメディアを駆け回り，さらなるギブへとつながっていく。その一方で，愛するキャラクターに「なる」ためにすべてを完璧に仕上げたいと願いながら，面倒くさい縫い合わせに関しては，狡知ともいえる，ほどよい創意工夫で切り抜ける。はまっている人たちの巧みさは，人間の知性として面白い。

　さらには，若手俳優の熱心なファンどうしがカラオケボックスに集まって，一緒にブルーレイディスクを再生しながらペンライトを振って声援を送る「上映会」の様子を見てみる。彼女らは，お互いのペンライトの振りや，声援を送るタイミングのズレと調整を経験したり，若手俳優に対するお互いの関心の焦点のズレに気づいたりする。そもそも，ブルーレイディスクを観るという，自宅でも愉しんでいることをなぜ集まって行うのか。複数のファンによる「集まりを遊ぶ」ためには，モニタの俳優の動き，自らの身体，声援を適切に重ね合わせることでズレに対処する即興的で協働的な知が必要となる。

運動体としての知

　本書では，わたしたちの当たり前の社会や文化，そして知と学びのあり方を直接的に分析するのではなく，それらとはわずかに異なるやり方・仕方に見える腐女子やコスプレイヤーの「愉しみ方」を一生懸命記述する。対象となるのは，特に求められていないのに，

自律的に「はまりまくって (geeking out)」愉しむ人たちの学びである。自分の愉しみや歓びを「他人まかせにしない」人たちの学びともいえる。有用性や役に立つことが求められがちで，結果のための道具に支配されすぎた世界のなかにある，できるかどうか，何になるかはわからないけれどもやってみる学習である。

　ファンカルチャーに生きる人たちを対象としたフィールドワークで観察可能な学習は，実用的で換算可能な価値とは少し離れた，無用の用[3]を伴った熱中のもとにある。さらに言えば，右肩上がりの熟達や成長を志向していないものの，いや，もしかしたら志向していないがゆえに，結果として，継続や愉しさや歓びと結びつく学習である。

　今日，何らかの活動をする際，生産性や将来性を過度に重視することも少なくない。生産性や将来性は，より速く，より大きく，より強いものに向かうための知と学習を求める。ただしその「よりも」を伴う知と学習によって，同時に，活動の主語を剥奪される感覚になることもある。

　自分たちが「よりよく生きる」ための資産として知や学習をとらえるならば，有用性を見越した知への着目や習得に加え，歓びや愉しさを形成するための日常の即興的な知と学習の探究もまた，認知科学の目標のひとつとなり得る。さらに言えば，直線的な熟達や成長を手放した円環的な状況が，結果として生み出す創造を認知科学の俎上にのせてみる。そのために，腐女子やコスプレイヤーひとりひとりが自発的に差し出し，溶け合う経験に目を向ける，質的な認知研究を行う。

　もうひとつ。本書で注目する学習は，人びとの「共愉的な (convivial)」関係のなかであらわれる。con-とは「ともに」の意味で，vivial は「活き活きしている」さまをいう。conviviality という言葉は，上品な，優雅な，潔い，恩恵にあふれた愉しみに満ちる

こと (graceful playfulness)，個々人の自律的な活動による「節制のある愉しみ」を意味する（山本，2009）。conviviality を辞書でひくと「宴会」と記載されている。パーティや委員会などの集まりで，互いが知的に語り合い，皆がとても満足を感じて散会するときに「今日はとてもコンヴィヴィアルだった」と日常的に使われる地域もある（山本，1990）。

イヴァン・イリイチ (1989) の『コンヴィヴィアリティのための道具』において，「コンヴィヴィアルな道具」は「それを用いる各人に，おのれの想像力の結果として環境を豊かなものにする最大の機会を与える道具のこと」と定義されている。古瀬・広瀬 (1996) の『インターネットが変える世界』には，1970 年代のハッカーカンファレンスのワクワクした様子が描かれている。マービン・ミンスキーも含むハッカーカンファレンスの参加者たちが熟読していたのが『コンヴィヴィアリティのための道具』だったという。コンヴィヴィアリティに共愉という語訳を付したのも古瀬・広瀬 (1996) だ。『インターネットが変える世界』を読むと，インターネット黎明期のハッカーコミュニティの共愉的な性質と，パーソナルコン

ピュータやネットワークの実現との相性の良さがよくわかる。ハッカーの活動は、換算可能な価値の実現のみを目的とした活動ではない。むしろ、「環境を豊かなものにする最大の機会を与える道具」への探究に動機づけられた、自律的で創造的な交わりによってコンピュータネットワークは誕生した。

　自律的で創造的な交わりは、コンピュータのような世界を一変させた人工物だけに見られるわけではない。「キャラクターを二次創作として再解釈すること」や、「アイドルのライブ映像に声援を送ること」といった半径300mの物語にも見られる。誰に頼まれたわけでもないのに活動し、ときに商業的な文脈にも影響を与え、結果的に世界を少し変化させてしまう。これらの活動は、ひとりでのめり込んでも愉しい。似た関心を持った人びとがいるとさらに愉しい。彼女らは、複数人で集まって、面白いと思うことをうったえ、聞き合う。そこになんらかの知的欲望があらわれ、醸され、共有されていく。知が機能するには、個々人が知のフィールドを広げて、伝播させることが必要だ。

　知は運動体なのだ。

純粋な非産業主義的活動

　ぱっと見、のんびりと続いているように映るファンカルチャーの日常は、実は、その都度その都度の機知に織りなされてあらわれる「のんびり」なのかもしれない。緻密なプラン、そつのない計算、正確な予測といった活動だけではとうてい歯が立たないような、移ろいやすく、曖昧な日常において応用される知だ。

　ふと気をゆるめると、緻密なプランや予測といったことがらに隷属しがちなわたしたちの生活のすぐ隣に、それとは異なる豊かさがあることに心を動かされる。いや、ファンカルチャーのネットワークに生きる人たちも、わたしたちと同じ生活領域に生きている。本

書に登場する人びとは，みんな，仕事や学業をするなかで，実用性や換算可能な価値を重視する世界に生きつつ，同時に，誰に頼まれたわけでもないのに熱をこめる遊びや趣味世界に生きている。となると，彼女らはパラレルワールドとしてのファンカルチャーの知に生きているのではなく，多彩な色相のなかをゆらゆら愉しんでいるのかもしれない。

　わたしたちがよく知る産業主義的なシステム[4]は，とにかくわたしたちを急き立てる。ただし彼女らは，綿密なプランや実用性などを重視するこの世界のシステムを打ちこわそうとするわけでもない。むしろ，その世界にも何気なく身を置きながら，世界をじわじわ分解するかのように，非産業主義的な活動にも専心する。今日的なシステムのなかに身を置きながら，狡知をめぐらせ愉しみを生み出す，小さな革命的活動だ。

　何かをする際に，わたしたちはその活動の先に意味を見出すことで熱心になれる。意味があるから努力もできる。一方で，同人誌やコスプレの遊びにはまる人びとは，無用の用にも衝き動かされている。同人誌やコスプレの遊びにおいて，明確な意味がないからこそ頑張ってしまう面もある。美しいほどに純粋な非産業主義的活動に見える。同人誌やコスプレに関心のない人が見れば，なんのために乗り越えるのかが不明瞭な苦しみや苛立ちを，彼女らは日々の巧みな工夫でなんとか切り抜ける。はまっている人たちの巧みさは面白い。

　遊びや趣味の活動は，その活動の意味や，その活動が役に立つか否かという価値基準によるコントロールを手放す点にも特徴がある。役に立つものを志向し，コストを厳密にコントロールする活動と距離を置く。コントロールを手放すがゆえに，そこに遊びが湧き出てくる。「コントロールされていない」という状況における活動であるがゆえに，遊びのなかの「すきま」において，自

分たちで意味や価値を見出し始める。彼女たちは，将来役に立つかどうかという基準のみで動いて／動かされているようには見えない。むしろ，本来エネルギーを注ぐことが求められていないことに，自発的に，本人も知らず知らずのうちに身を投じているようだ。

「役に立つからやろう」と始めたものに限って，クソの役にも立たないことはよくある。また，自分たちが創ったはずの遊びにもかかわらず，自分たちの生活から離れてしまうこともある。「遊びが○○の役に立つ」と遊びの有用性を説き，遊びを神話化すると，暗黒面から「商品化された遊び」が姿をあらわしかねない。予測不能で不確実な社会を生き抜くにはこれまで以上に遊びが重要だ。ただし人びとは，遊びの方法を知らない。遊びを学ぶ環境も整えられていない。ならば遊びの要素を抽出しカリキュラムに組み込んで研修を制度化しよう，と。こうして商品化された遊びが完成する。でも，現場には遊びを専門的に習ったことがない教員や人事担当が多く困り果て，マニュアル片手に遊びを教えることになる。カリキュラムとしての遊びは形骸化し，現場は疲弊する。星新一ショートショートにもならないような物語だ。

直線的な矢印からなる成長に遊びを無理やり結びつけようとすることで，かえって，成長や学びの機会を逃しかねない。腐女子やコスプレイヤーは，遊びに明確な目的や意志を持って臨んでいるわけではなさそうだ。作品やキャラクター，他者の嗜好に自らの欲望をひっぱられ，「はまる」という活動のただなかにいるだけのようにも見える。官僚主義的な管理からまぬがれている彼女らの活動は，愉しみを味わい，さらにその愉しみの先を追究しようとする欲求によって動機づけられた「民衆による学習」である。自らがともに生み出すものにも価値を認め，「得る」ことだけではなく「する」ことを求める彼女らの活動は，消費対象としてとらえられがちな客観的な世界を，主観的な世界としてとらえ返す生成的な実践なのだ。

本書の位置とわたしの位置

　本書は，原作を愛好し，その作品の二次創作を通して世界を描画する腐女子や，自ら縫製した衣服を通して世界を着るコスプレイヤーなどへのフィールドワークにおいて拾い上げたエピソードに基づいている。

　本書が対象とする「はまっている人たちの巧みさ」をとらえるために，状況的学習論（状況論）や活動理論から得られた視点を動員する。状況論と活動理論は，わたしたちの認知が，環境や状況との相互作用のもと形成される（上野，1991）とする諸研究のバックボーンとなっている。またこれらの理論は，認知科学の学習研究や近隣領域において，人と人，モノとの関係性から発達と学習をとらえる視点として広く浸透している。状況論の系譜を見ると，学校の教室における学習，仕事場を中心とした「現場」における学習を舞台に発展してきたことがわかる。近年では，学校の教室，仕事場，はたまたソーシャルセラピーの場を，遊び心とともに生成する場へとアップデートするよう両理論は拡張している。

　状況論と活動理論は，発達と学習の研究における理論的支柱である。これらの理論は，学び手を何か「真正の」学びに導き，ひっぱり上げるという発想をとらない。客観的な望ましい姿に向かい個人が成長するさまを，神話のように崇め奉ることもない。むしろ，学習や発達，または成長や熟達として目に見えていることをいったん疑ってかかってみる。もしくは，学習や発達，成長や熟達を目に見えるようにしている仕掛けは何であろうかと目を凝らす。

　はまっている人たちの巧みさや，愉しみとともに自分の生活の濃度を高めていく人びとの探究は，ある固定化した姿に系統立てて誘っていく学習観，発達観をいったん脇に置く状況論のアプローチに沿う。探究の対象は，遊びを満喫しながらズブズブのめり込んでいく活動である。原作からズラした二次創作で遊ぶ腐女子のように，

本書で追い求めることがらも，状況論の先端からちょっとズレている。状況論の系譜にのりつつ，状況論の一端をズラして遊ぶ。いささか生真面目さに欠けるズラしである。

　フィールドワークにおいて，最初，わたしは調査者として調査対象者を観察したり接したりしていたつもりだった。なのに，インタビュー対象の腐女子やコスプレイヤーに教えてもらい，予習のつもりで手を伸ばした『TIGER & BUNNY』や『家庭教師ヒットマンREBORN!』などには，気づいたらはまってしまい，徹夜で視聴，通読していた（「ありがとう！　そして，ありがとう！」）。『テニスの王子様』は必修科目だった。おかげでインタビューと称した腐女子との萌え語りは本当に面白かった。

　『魔法少女まどか☆マギカ』を正座して観たあとのコスプレイベントでは，今まで経験のない骨格の動かし方で写真撮影に勤しんでみた。カリフォルニアのファンダム研究チームからは，『NARUTO』のコスプレに必要だから，忍者が使う両刃のクナイを作って欲しいと依頼がきた。粘土で精巧にクナイを創り，機内持ち込みにしたら国際線の手荷物検査で止められた。

　わたしが観察者だったのかどうかは，わからない。

　傍観者的に観察していたというよりも，腐女子やコスプレイヤーが彼女らにとって「面白いこと」を生成するコミュニケーションに恐れ多くも関わっていたのかもしれない。生態をじっくり観察したかったはずなのに，気づいたら下手くそなりにせっせと調査協力者に「毛づくろい」のようなことをし，観察者の立場からズレていった。ただし，下手くそでも毛づくろいという「やること」があると，わたしがその場に居ることが不思議ではなくなるし，その場に居ることがすごく楽になるからありがたい。毛づくろいも大変かもしれないけれど，毛づくろいをせずにその場に参与するのはもっと大変そうだ。

本書は，3層からなる学びと歓びで構成される。1層目は，腐女子やコスプレイヤー自身が集い，遊び，はまっていく，彼女ら自身の学びと歓びに関する記述である。状況に埋め込まれた学習の記述だ。2層目は，腐女子やコスプレイヤーをフィールドワークの対象としながら，わたしも実践的に関与，変容していく，わたしの学びと歓びである。彼女らの語りに慎重に追従・調和し，一方で違和を感じながら，お互いを高次に引き上げるような関与と変容の活動だ。そして，もしも本書を手に取ってくれた方々が，1層目と2層目の学びを読むことで少しでも面白がってもらえたら，3層目の学びと歓びが生まれる。

　ファンカルチャーのコミュニティにおいて，彼女らはどのように遊び続けているのだろう。これまであまり生真面目に論じられてこなかった，誰に頼まれたわけでもないのに，ズブズブのめり込んでいく学びにおける愉しさを掘り下げていこう。

---

1) 佐藤 (1992) は，フィールドワークは，調べようとするできごとが起きている現場に身をおいて行う調査手法であると言う。さらに加藤 (2009) によれば，フィールドワークとは「社会調査」の方法であるとともに，学習のプロセスである。フィールドワークは，どのような成果を得られたかだけで評価されるものではなく，その時・その場の状況と向き合いながら，創意工夫を試みる学びの機会としても評価される。

2) 日本認知科学会刊行の『認知科学』では，1996 年に「アーティファクトの認知科学」の特集が組まれた。その後「家の中の認知科学」(2003 年)，「Everyday Things の認知科学」(2014 年)，「フィールドに出た認知科学」(2015 年) と，ちょくちょく「モノ」や「日常」や「フィールド」に認知科学が入り込んでいる。(Everyday Things の認知科学は，ドナルド・ノーマンの "Psychology of Everyday Things?" のオマージュである。頭文字をとると POET になってカッコいい。) いずれも「人が，さまざまなモノやヒトとどんな相互作用をし，全体として『かしこい』行為を算出するのか，ということを活動全体の流れの中でとらえるという見方」(佐伯，1996) から現実の再解釈を試みる特集である。

3) ジェンダーによる趣味の棲み分けの根深い歴史を詳細に描く『趣味とジェンダー』において，神野・辻・飯田 (2019) は，つくることが「用」から切り離されていく過程を記す。「『作ること』が，人が生きていくために必要な行為だった時代には，『用』と不可分であった。しかしこれが生活には特段必要ではなくなり，趣味という特殊な行為になっていった途端に役に立たない行為と化し，その行為の意味が問われるようになっていく。」

4) 共通の目的や関心で集まった市井の人びとによる社会連帯的な集合的活動ではなく，大量生産によって利益を生み出す，際限のない（経済）成長に向かう社会のデザイン。

目　　次

可視化と不可視化
—腐女子のアイデンティティ・ゲーム

第1章

1.1 日常のフィールド認知科学へ

　1990年代後半，学校教育心理学専攻の大学院生だった頃，目黒にあった教育研究所に向かう時はだいたい汗だくだった。お金や将来性はないけれども，かろうじて持久力だけはあり，目黒駅から研究所までのおおよそ2kmの道のりをひたすら急ぎ足で歩いていた。研究所のボスの手伝いや，研究者が集まる輪読会の準備のためだ。道中にある寄生虫博物館の隣を過ぎた頃に路線バスに追い抜かれると，「いつかタクシーで研究所に向かってやろう」と心の中でブツブツ唱えていた。その後，研究所は目黒から移転したので，タクシーで研究所に向かうことはなかった。

　新しい研究対象や研究テーマとの出会いは，いつもそこらへんに転がっているようで，いざ探してみるとなかなか見つからない。一方で，偶発的な出会いほど恐ろしくて面白いものはない。

　夏休みのその日も，わたしはボスから召集をうけ，いつものように目黒の研究所にいた。冷気の届かない廊下のコピー機で，次の輪読会に向けて英語の文献を20人分印刷する大役を仰せつかっていた。たくさんの英語の論文をひとりで読んで理解するのは大変なので，何人かで手分けして事前にレジュメにまとめてくる。そして，あーだこーだと呪文のような言葉で議論する。これが輪読会のスタイルだった。呪文の方が，「そもそも意味がない言葉」であること

がわかるのでまだ気が楽だ。意味があるはずの言葉の意味が全くわからず、ヘラヘラわかったふりをして一言も発せず研究会に居続けることの方がはるかにつらい。

研究会では、二元論的に現象をとらえたり、官僚的に現象をとらえたりすることを退けていれば褒めてもらえそうな感じがした。そこで思い切って「この論文は二元論的な罠にはまってますね」と震えながら言ってみた。「表層的なコピーでわかったように言うことこそが、きわめて官僚的だ」と、とんでもなく怒られた。南極昭和基地の朝のようなピーンと張り詰めた空気が漂う。遠くからコウテイペンギンの鳴き声が聞こえてくる。官僚の方々も、わたしのせいでとんだとばっちりだ。研究者は人非人の集まりかと泣きそうになったが、直接、破壊力のある即時フィードバックをド直球で何度も繰り返し言ってもらえたのはよかった。ウソ、本当はつらかった。オブラートでもいいから包んで欲しかった。でも、よかった。

ボスがアメリカから持ち帰ってきた、わたしには何がどう重要なのかよくわからなかった謎の論文の束は、すでに何度もコピーが繰り返されていたのか、文字が潰れる寸前だった。それをまたコピーするのだから、資料の束のなかには判読不可能な英文もあった。それでも輪読会ではきちんとレジュメが用意されていたので、研究者の能力の高さに驚いた。

状況論の研究者はスピリチュアルな能力も持ち合わせているのかもしれない。

ミミさんことイトウミズコさんと初めて出会ったのは、コピー機を1時間も占拠して大役を果たし、文献の束を持ってボスの研究室に戻った時だった。ミミさんは、日本とアメリカを行ったり来たりする生活を送ってきた、英語も日本語もものすごく綺麗に使いこなす文化人類学と教育学の研究者だった。米国の大学で博士号を

取得したのち，国際交流基金から数年間の研究活動資金を得て来日し，子どもたちの日常的な遊びとインタラクティブメディアについてフィールドワークを始めるというところだった。そのフィールドワークの日本の拠点が，ボスの研究室だったのだ。ということは，思想的なバックグラウンドは類似しているはずだ。

ミミさんは，コピー機で有名なゼロックスのパロ・アルト研究所でポスドクの時に働いていたということを，のちのち，「遊戯王カード」のデュエリストたちをフィールドワークしている時に聞いた。よくわからぬままカリフォルニアでの研究会に参加することになって，ミミさんと一緒にロサンゼルス国際空港に降り立った時，ジョン・シーリー・ブラウンさんが車で迎えにきてくれてびっくりした。ミミさんの文化人類学の血脈は，ジーン・レイヴ，ルーシー・サッチマンといった，大学院生でもわかる垂涎ものの研究者で生成されていた。教育学の背景は，レイ・マクダーモットやロイ・ピーといった，こちらも認知科学に限らず，いろんな学問領域に大きな影響を与えた研究者のネットワークだった。そんなビッグネームの研究者たちに，何年後かにミミさんを介してお会いすることになるとは，文字の潰れたコピーの束を持ち帰った時には想像すらしていなかった。

認知とコンテクスト

認知科学という学問は，計算機科学や心理学からだけではなく，人類学や教育学からも強い影響を受けている。なかでもマイケル・コールとシルビア・スクリブナー (1982) の『文化と思考—認知心理学的考察』以降は，人間の思考を研究する際に人類学的観点が不可欠となった。人類学的観点は，わたしたちの知が，わたしたちの参加しているコンテクスト（文脈）やシチュエーション（状況）抜きに語ることはできないことを示してくれた。

　たとえばコールらは，アレクサンドル・ルリアによって1930年代初期に収集された言語課題の結果をもとに，思考とコンテクストの関係を説明している。西欧に比べて教育が行き渡っていないとされていた地域において，言語課題に対する非論理的な反応の基礎に潜むプロセスに切り込もうとした調査である。調査対象は，たとえば，綿花栽培の盛んな中央アジア地域に住む学校教育経験のない農夫たちだ。コール & スクリブナー (1982) に沿って見ていこう。

実験者：綿花は高温多湿な場所で育つ。この村は高温多湿である。
　　　　では，綿花はここで育つだろうか，それとも育たないだろうか。

　綿花とともに暮らす農夫たちは，この問題を処理することに何の困難もなかった（「ま，そういうことなんだよ。わしはこの身で知っているのじゃよ」というような回答だった）。ただし，彼らの日常とは無関係な言語課題の場合，コミュニケーションが変化した。

実験者：1年中雪がある北の方では，熊は白い色をしている。Xという町は北の方にある。では，その町にいる熊は白いだろうか，白くないだろうか。

農夫：その熊が何色かなんて，わしにどうしてわかるというんだね。その熊を見たのはあんたの友だちだろう。その友だちに聞いてごらん。

　思考や学習は，社会的なコンテクストとともに生じる。テストのような「自分の知識や能力を測られるコンテクスト」に慣れた人たちであれば，綿花の問いもクマの問いも，同じ形式の言語課題として対処するだろう。しかし農夫たちは，綿花の問いかけに対して，経験に基づいてコミュニケーションをとる。綿花とともにある自らの生活のコンテクストにおいて返答する。同様に，クマの問いかけに対しても，実験者が想定した（言語理解の能力を測定する）コンテクストではなく，日常会話のコンテクストとして返答したのだ。これらの調査を通して，わたしたちの思考の理解には，その人が生活しているコンテクストの理解が伴うことが明らかにされた。農夫にとっては，実験者の「知識や能力を測るコンテクスト」こそが，訳のわからないものとなる。

　わたしたちの日常の思考も，コンテクストと切り離すことはできない。たとえば，「今，何時ですか？」という疑問文から考えてみる。

A：今，何時ですか？
B：8時30分です
A：はい，正解！

わたしたちは，Ａの「今，何時ですか？」という発話に対して，「8時30分です」と返答し，その返答に対してＡが「はい，正解！」と述べるやりとりから，教室における授業というコンテクストを想像する。小学1年生の算数では「時計」の単元が取り扱われる。先生が教材の時計の針をぐるぐる動かして，児童に問いかける状況を思い浮かべることができる。

　さらに言えば，ＡとＢのやりとりに違和感を覚えないことを通して教室というコンテクストは維持される。Ａが「はい，正解！」ではなく，「ありがとうございました」とＢに返答した場合，たとえば「駅のホーム」や「まちなか」における質問と応答のコンテクストとして理解可能になる。まちなかで「今，何時ですか？」と他者から聞かれたとき，わたしたちは「わたしは今，時計から現在時刻を適切に読み取る能力を持っているか問われているのだろう」とは考えない。たとえば「この人は時計やスマートフォンを忘れたのかもしれない」と考えるだろう。

　このように，コンテクストとは脆弱なものである。参与者によって常に刷新され続ける（秋谷・水川，2017）。まちなかでの質問と応答のコンテクストを構成しようとして，Ｂが「8時30分です」と返答したのに，Ａが「はい，正解！」と学校（やクイズ）のコンテクストを構成した場合，わたしたちは中央アジアの農夫の事例と同様の戸惑いを覚える。その戸惑いは，時間を尋ねてきた人による，「わかっているかどうか」を測るコンテクストの構成への戸惑いである。

　こうして，文化人類学的視点のおかげで，ある人の生活のコンテクストから見ると不明瞭で，拙く，取るに足らないことととらえられそうな行為も，当事者のコンテクストにおいて，いかに重要で，巧妙で，価値のあるものかを明らかにするアプローチが定着した[5]。

人類学と状況論

　大学 3 年生の時に入ったゼミの先生の導きでアリモトノリフミ先生に会い，『現代思想—教育に何ができるか【状況論的アプローチ】』を読むことになったというか，いいから読めと言われ古本屋で探した。アリモト先生の配慮で，というよりも伝書鳩として目黒にあるボスの研究所に出入りするようになり，"Everything is situated and interconnected（あらゆるものは状況的で，関係の網の目のなかにある）" とオルグされ，思わず興奮して憧れを抱いてしまった。

　認知科学における学習研究の領域において，人類学的アプローチの有用性が認められるようになったのは，人類学者ルーシー・サッチマン (1999) の『プランと状況的行為』によるところが大きい[6]。サッチマンは，当時の「最先端のコピー機で両面コピーをとる」というお題に対して，パロ・アルトの優秀な工学研究者でも間違う，ということをあえてデモンストレーションするような観察調査を組織した。「あ，両面コピーをとるには，このボタンを押せばいいのね」といったように，コピー機を操作する時に頭に浮かんだことをすべて喋ってもらうプロトコル分析法による観察調査を通して，機械からの発話（指示）や働きかけを人間がどのように解釈し，次に何を選択するか，といったことが，いかにそのユーザーがおかれたコンテクストに埋め込まれたものであるかを示した。人びとは，常に「合理的な手順」を実行するわけではなかったのだ。

　サッチマンによって，わたしたちが「コピー機を利用する」という認知的な行為をするときに，自分の身の回りの環境を利用していることに注意が向けられた。こうして，フィールドにおける知の理解を目指す研究者は，コンテクストの記述にもこだわるようになった。1990 年代以降，情報機器を中心に，それらが実際の場面でどのように利用されているかが研究の対象となり，さまざまな企業に

人類学者が関与してきた。

　認知科学は，人間の知的な営み全般を扱う学問領域である。もちろん，学びもその射程に入る。学びを科学するとなると，人はどのようにしたら効率よく学べるかとか，学習時に脳の中では何が起きているのかを研究するようなイメージを持ちそうだ。名前を挙げたジーン・レイブ，ルーシー・サッチマン，レイ・マクダーモット…といった文化人類学者や教育学者が創り上げてきたものは，そんなイメージとは少し異なる状況論のネットワークだった。

　認知科学のお隣の心理学の世界だと，ジョン・ワトソンやイワン・ペトローヴィチ・パブロフのような高校の倫理の教科書にも登場する研究者がいる。状況論に影響を与えた20世紀初頭の研究者としては，レフ・ヴィゴツキーが挙げられる。ヴィゴツキーの学習理論においては，「人の思考や学習は道具に媒介される」点が重要である。脳の中だけで考えるのではなく，道具を使いながら，道具と一緒に考える。そして，今ひとりではできないことでも，先生だとか仲間だとかの助けを借りたらできることも，その学び手の能力と呼ぼうと唱える。将来の発達の可能性も含めてその人の能力なのだという。ひとりで，しかも何も持たない状態で学ぶ人間を想定していない，まさに日常を日常のままとらえようとする人類学的な視点である。社会の中で，他の人と一緒に，いろんなモノを使いながら学ぶ人間の姿が本来だとしている。

　そのヴィゴツキーは，遊びについて次のように述べる。遊びは，子どもが自分の未来に最も近づけるゾーン（発達の最近接領域）を作り出す。遊びでは，子どもは常にその年齢に平均的な日常行動を超えて行動する。それはあたかも頭ひとつ分，背が伸びたようなものだ。遊びは，虫眼鏡の焦点のように凝縮した形で，すべての発達の特徴を含み，それ自体が発達の主要な発生源である。人が学ぶとき，何も道具を使わずに，もしくはいつもひとりぼっちの徒手空拳

ではない。たいていの場合，だれか自分以外の人と一緒にいたり，学ぶのに適した環境が整えられていたり，コンピュータをはじめ，いろいろな学ぶための道具にあふれた場で学ぶ。学び手本人も気がついていないかもしれないが，他者の存在や，学び手がいる場がどんなところなのかとか，どんなモノがあるかによって，学びの対象や学びの結果は大きく異なる。自分よりもちょっと経験のある人がいる場合とそうでない場合とでは，そのスジの人になっていくやり方もスピードも変わってくる。学びは個人の資質の問題ではない。学習は状況に依存する。状況論のこの視座は，仕事場のフィールドワークにおいても同様である。

「求められていないのにはまる人たち」のフィールドワーク

　学習や発達という現象全体からすると，知識の獲得はそれほど大きな部分ではないのかもしれない。状況論や，状況論のネットワークから発展してきた新しい思想にたつと，知識があることだけではなく，何者かになることにも重きをおく。何かを知ることではなく，何かをすることに着目する。

　　「ある」ではなく「なる」。
　　「知る」ではなく「する」。

　学習と言うよりも発達と言った方がしっくりくるし，動的な生活世界に密着した視点だ。「あること (being)」は，ある点に立ち止まった静的な状態を連想させるが，「なること (becoming)」となると，動的で生成的だ。

　ミミさんのネットワークでも，頭の中の学びを見ていくときに，一緒に「頭の外」も見ていくスタイルをとっていた。日常の学びをできる限り日常のまま扱い，やっている本人自身も気づいていない

ような姿を描こうとする研究ネットワークだった。ミミさんが日本語に不慣れであるようには全く思われなかった。けれども，久しぶりの日本における調査とのことで，ケータイ利用のインタビューをするときの補助だったり，たとえば池袋の執事喫茶だとか，大須観音の世界コスプレサミットだとか，アメリカでも注目されつつある日本の遊びの文化を一緒にフィールドワークしたりする仲間を求めていたようだった。

「ミミさんをお手伝いしながら，オカベさんも論文を書いたらいいじゃないですか」

ボスからの言葉は天命に等しい。

断ることが苦手な東北出身のわたしの返事は，常にイエスか苦笑いだ。目黒の研究所でボスと夜まで仕事をしたときは，たいていボスの家のそばで，ボスの酒場学習論[7]が待っていた。ボスは目黒から自宅まで車で帰る。ボスはわたしに便乗するかを問う。わたしの返事はイエスか苦笑いだ。ボスは自宅の駐車場に車を停め，近所の居酒屋で深夜2時頃までふたりで過ごす。その後，かろうじて持久力だけあるわたしは，半べソかきながら1時間歩いて帰る。横浜が坂で構成されていることを身体全体で感じる。ここでもタクシーは使えない。それどころか電車もバスも動いていない。

とはいえこの時ばかりは，日本の子どもたちが当たり前に遊んでいるゲームや，腐女子やコスプレイヤーの日常の遊びに対して真面目にアプローチする，というフィールドワークに巻き込まれることに瞬時に憧れを抱いた。これまでの状況論の対象からすっぽり抜けていた，「特に求められていないのに，はまりまくる人たち」を対象に，ズブズブのめり込んでいく愉しさと巧みさを探究できそうだ。「遊びが発達に与える影響」に代表されるような，有用性や換算可能な価値からどんどんズレていくような状況論に見えた。腐女子やコスプレイヤーは，原作からズラして遊ぶ。彼女らとともに過

ごすなかで，わたしもまた，状況論の端の隅っこへとズレていく。

　わたし自身，たまたまちょうど手頃な大学院生だったことはラッキーだった（のかもしれない）。20人分の文字の潰れたコピーの任務を忠実にこなしていたことも，ラッキーだった（のかもしれない）。アリモト先生の気まぐれな導きと，「オカベさんも論文を書いたらいいじゃないですか」というボスからの適当な助言のおかげもあって，その後，学校教育のフィールドから，学校外の日常の遊び文化と学習という，いまだにどうとらえてよいのかわからないフィールドに足を踏み入れることになった。偶然の出会いとボスの思いつきは，恐ろしく，そしてとてもありがたい。

　アリモト先生とボスは，わたしの未来をスピリチュアルに見越していたのかもしれない。

1.2　他者の合理性の理解

　特に求められているわけでもないのに，はまりまくる人たちの現象世界をターゲットとする，ミミさんとのフィールドワークが始まった。小川 (2016) によれば，文化人類学は，この世界に存在する，わたしたちとは異なる生き方とそれを支える知恵やしくみ，人間関係を明らかにする学問である。そして，わたしたちとは異なる生き方を知ることで，わたしたちが当たり前に受け入れている常識を相対化する。わたしたちが生きるこの世界のあり方を捉えなおすための学問なのだ（松村・中川・石井，2019）。

　文化人類学者のミミさんといると，金銭的・社会的・物質的には明らかに大人たちよりも乏しい若者の世界に，わたしたちの社会とは異なる豊かさがあることに意識が向き，心を動かされた。ミミさんとわたしのフィールドワークの場合，その若者たちは，ポケモンのカードゲーム大会において，学校の成績では測れない有能さを示す小学生や中学生であり，プリクラという小さなメディアの交換を

通して対人関係を調整し合う高校生や大学生だった。

　教室における学校教育心理学研究を行ってきたわたしは，教室の外の，日常的な遊びが学問の対象になることに（入り方は受動的だったものの）興奮を覚えていた。学校教育のパラダイムでは語れないかもしれない，ある事柄に「はまっている人たちの巧みさ」や「活動が持っている愉しさ」の探究である。ズブズブのめり込んでいく面白さをはらんだ学習に，わたしもズブズブのめり込んでいくことになる。

　ただし，フィールドワークが始まったのは良いものの，「こまばエミナース」で開催されていたカードゲーム大会に行っても，遊戯王カードでデュエル（Duel，対決）することもできない。渋谷の「プリクラのメッカ」や「プリクラ館」でお店から許可をもらい，プリクラを撮影した高校生グループに「今，大学でプリクラの調査をしていて……」とインタビューを試みるも，完全に「ヤベーやつ」扱いをされる。名古屋の世界コスプレサミットに行けば，制服姿の綾波レイと惣流・アスカ・ラングレーのコスプレを涼宮ハルヒと間違え，勇気を振り絞って声をかけたコスプレイヤーに「はぁ？」と呆れられる。どこに提出するかはさておき，始末書レベルのミスだ。関わりの形成には，恥と歓びが入り混じる。

受動的にフィールドに参与する

　チサトさんは，わたしが伝書鳩兼書生さんのように出入りしていたアリモト先生の研究室に所属する大学生だった。アリモト先生のゼミ生の卒論の統計処理を請け負うと，アリモト先生が上カツ丼の出前を発注してくれた。ただのカツ丼ではない。上カツ丼だ。チサトさんは，そんな統計処理と上カツ丼の交換を傍目に見ながら，長年続くことになるファンカルチャー研究の初期を支えてくれた超重要インフォマント（情報提供者）のひとりだ。偶発的な知り合い方

ではあったものの，調査対象者を集めるための，スノーボールサンプリングのど真ん中の起点でもある。

　今でこそ，腐女子やコスプレのような趣味，オタク，サブカルチャーを対象として学術論文を書く学生は珍しくない[8]。チサトさんは 2000 年代前半にコスプレを対象に論文を書くような，状況論の拡張に寄与した大学生だった。チサトさんは，卒業論文，そして修士論文でも腐女子やコスプレという，チサトさんにとっての身近なコミュニティの事例から発達を再考しようとしていた。研究テーマも奇天烈だったが，論文を通して抑圧されたコスプレ文化を少しでも解放したいという野望をもつ，腐女子でありコスプレイヤーだった。

　たまたま知り合ったチサトさんのおかげで，受動的で，行き当たりばったりで，おそるおそるながらもフィールドに参与することができた。チサトさんと話す内容も，だいたい同人誌のことかコスプレのことになってきた。

「ヤオイっていっても，いろんな種類があるのに，ガチ・ホモ・エロっていうのを読んでるエロい女とイメージされることが多くって，それで言いたくないんです」

　同人誌のことやコスプレのことを語るときのチサトさんの口調は強く，そして速い。

「ヤオイってなに？」

「男性どうしのカップリングの同人誌のことだと思ってもらえれば大きくは間違いないです。それより，学校で同人誌を読んでたんですよ，で，隣に座ってた男に変な本読んでると思われて，キモイ本を読んでるとか，そういう扱いをされたことがあるんで」

　チサトさんは，愛好するジャンルの同人誌を通して，いろいろと大変な思いをしてきたエピソードを語ってくれた。一人暮らしのチサトさんは，自分が急死して親が遺品整理に来た時のために，過激な同人誌は常にダンボールに入れ，信頼のおける友人の腐女子宅の

住所を書いた着払い用の伝票を貼っていると語っていた。スパイ大作戦のようだ。チサトさんは，自分の活動を自虐的に語る傾向にあった。朗々と，自嘲し，自虐する。活動への自負の背後に，卑下が見え隠れする。矛盾しているようにも聞こえる。矛盾なのかどうかもわからなくなる。

コスプレに関しても，なかなか理解が及ばないところがあった。たとえば，せっかく寝る間も惜しんで作ったコスチュームにもかかわらず，撮影に一回使ったら未練なく捨て，手放すとチサトさんは言う。対価が得られるわけでもないのに熱中する。経済的合理性からは，または定型的な解釈からはかけ離れた世界があるようだ[9]。

ハマータウンの野郎ども

フィールドワークという質的な研究手法が，個別の事例について捨象せずに，理解，解釈していく方法であるとしたら，チサトさんとわたしの会話は，常に質的研究のデータとなった。質的研究とは，質問紙調査で取得可能な計量的データとは異なる，発話や動作などの非計量的データを採取して，得られたデータを科学的な手続きを踏んで分析する研究スタイルのことである。腐女子やコスプレイヤーの個々人の体験を探るうえでも，質的アプローチが最適なものとなる。

質的研究では，何をどのように分析していったら，個々の対象者やコミュニティを理解，解釈することになるのだろうか。岸（2016）は，他者の，一見すると不合理な行為選択の背後にある合理性や，もっともな理由のことを，「他者の合理性」という言葉で表現している。定型的な解釈にはまらないように見えたりする，この「一見不合理な合理性の理解」を考えるにあたり，ポール・ウィリス（1996）による『ハマータウンの野郎ども―学校への反抗・労働への順応』を取り上げたい。これは，イギリス中部にある伝統的な工

業都市におけるフィールドワークである。

フィールドワークの主な対象者は，新制中等学校（セカンダリー・モダン・スクール）であるハマータウン男子校（仮名）の白人労働者階級出身の若者たち（the lads，〈野郎ども〉）である。あわせて，当該学校の教員へのインタビューや，〈野郎ども〉によってear oles〈耳穴っ子〉とレッテルを貼られた向学業的で権威に従順なグループの観察も行われている。

〈野郎ども〉は，たとえば喫煙にこだわることを通して学校への不服従を表す。また彼らにおいては，「ひとふざけする」技量を身につけることが重視される。学校は「ふざけ」にうってつけの舞台であり，他者を巻きこんでふざけることができなければ，真に〈野郎ども〉の一員になったとは言えないようだ。そのため〈野郎ども〉は，フォーマルな制度を出し抜く器用さを身につけている。教職員には反抗し，〈耳穴っ子〉とは一線を画すこうした姿勢は，〈野郎ども〉の行動のすみずみにいつでも現れている。

> 学校に対する反抗の基本的な様相は，学校制度とその規制をかいくぐって，インフォーマルな独自の空間を象徴的にも具体的にも確保し，「勤勉」というこの制度公認の大目標を台無しにしてしまう所業に集中して現われる。そうした反抗の積み重ねとその成果として獲得されるある種の自律性とは，二つあいまって，インフォーマルな社会観と行動様式をいよいよ根深いものにする。
>
> （ウィリス，1996, p.70）

日本の不良文化とウィリスが描く1970年代のイギリスの不良文化には類似点が多い。まず，学校のコンテクストで良いとされること，たとえば，まさに〈耳穴っ子〉たちがしているような，優等生

としての振る舞いに反抗することで形成される文化である点が挙げられる。〈野郎ども〉は授業をサボったり，教師を揶揄したり，飲酒喫煙したり，喧嘩したりするという，〈耳穴っ子〉がやらないことをあえてやる。そうした反抗的な行動をとり，かつ，〈耳穴っ子〉の文化を蔑視することで，不良文化のメンバーであろうとする。

『ハマータウンの野郎ども』の冒頭でウィリスは「労働階級の子どもたちは，総じて，労働階級の職務におもむいてゆく[10]。この場合に不可解なのは，なぜみずから進んでそうするのかということである」と問う。〈野郎ども〉は，〈耳穴っ子〉とは異なり，肉体労働の就職を前提としたうえで，熟練技術職への上昇志向を肯定する。〈野郎ども〉が重視するのは，「実世界」でたち働いて「金をこしらえる」能力である。

岸（2016）に則ると，〈野郎ども〉の振る舞いは，長い目で見ると社会的には不利な立場に自ら進んでいくことにつながる。〈野郎ども〉が蔑視する〈耳穴っ子〉として生きるほうが，大学に進学し学問を通して世界を開いたり，給与の高い仕事に就けたりする可能性がある。一方で，〈野郎ども〉は結局学校をドロップアウトすることが多い。なぜ，あえて不利になるような道を〈野郎ども〉は選択するのか。ウィリスは，特に〈野郎ども〉と学校の内外で一緒に過ごすフィールドワークの手法をとることで，彼らの一見不合理な合理性を理解，解釈しようとした。

ウィリスは，ハマータウンという空間で，〈野郎ども〉が具体的な振る舞いを通して彼ら特有の現実を知覚，認識する過程を描写する。そうすると，野郎どもの父親や地域の先輩たちもまた，学校をドロップアウトし，安い賃金でハードに働く肉体労働者であることが見えてきた。〈野郎ども〉は，何が家庭や地域のコミュニティにおいて重視されているのかを学習していたのだ（岸，2016）。

『ハマータウンの野郎ども』で描かれたのは，労働階級の少年た

ちが，学校の規範に反抗し，自分たちの信じる将来（肉体労働の世界）に向かって独自のパースペクティブを確固たるものにしてゆく過程が，実のところ中産階級（やつら）／労働階級（おれたち）という階級構造を再生産する過程である（尾川，2010）。岸（2016）によれば，ハマータウンの男子校とは，今の楽しみを先延ばしにして禁欲的に課題をこなすことや，丁寧でおとなしい会話や身体動作が重視される場である。野郎どもが家庭や地域で適応，学習してきた規範は，これとは真逆だったのだ。野郎どもは，ハマータウンの学校のような制度的，支配的なコミュティへの反駁を通して，規範的な「学校の生徒」とは異なる自己を状況的に構築する。

> ……一般に，労働階級の職場文化は，職場の厳しい労働条件や他律的な服務にもかかわらず，労働する人びとがそこになんらかの肯定的な意味を見出そうとし，独自の行動規範を打ちたてようとする事実のうちに本来的な根拠を置いている。他人によってどれほど厳しく管理される場合であっても，職場の労働者たちは自分たちでなしうることを実行に移し，その自前の実践のうちに楽しみを見つけ出す。それ自体は生気のないひからびた労役のあいだをぬって，およそ敗者の泣きごととはほど遠い文化が生きているのである。よそよそしい力が支配する状況を自分たちの論理でとらえかえすというこの逆説は，私たちが反学校の文化において見たものと同じものであり，また，無味乾燥の公式の制度のただなかで生き生きとした関心や気晴らしを根づかせる試みも，両者に共通のものである。……それらの文化に託されているのは，労働者や〈野郎ども〉の論理による環境の読みかえであり，物心両面の行動力を動員して彼ら自身の目的を達しようとする積極的な試みなのである。
>
> （ウィリス，1996，p.132）

ウィリスのフィールドワークを通して，野郎どもが自ら進んで社会的に不利な状況に入っていったという「一見不合理に見える解釈」は，少し変わって見えてくる。〈耳穴っ子〉が大事にする，学校での丁寧でおとなしい会話や身体動作という規範は，野郎どもには学習コストのかかるものだったのだ（岸，2016）。さらには，地域コミュニティの先輩や仲間たちと愉しく日々を過ごすためにも，不良文化のライフスタイルは重要だ。ウィリスはフィールドワークを通して，野郎どもの振る舞いの背後にある，彼らなりの合理性の理解を導き出したのである。

> 　社会学，特に質的調査にもとづく社会学のもっとも重要な目的は，私たちとは縁のない人びとの，「一見すると」不合理な行為の背後にある「他者の合理性」を，誰にもわかるかたちで記述し，説明し，解釈することにあります。……私たちは，理由がないように見えるもの，単に不合理なことにしか見えないものに，理由や合理性を見出してきたのです。
>
> 　　　　　　　　　　　　　　　　　　　　　　（岸，2016，p.29）

　フィールドワークとは，パワフルな手法である。わたしたちの価値や常識的な解釈が，フィールドの他者を通して再編される。
　腐女子の文化にしても，コスプレの文化にしても，チサトさんの日常にしても，一見なんだかわからないなかに秩序がある。ありふれた営みではあるものの，いざ説明を試みようとすると難しい。一度着用したらほとんどがゴミとなるコスチュームを嬉々として製作するチサトさんの日常は，合理性の埒外にあるようにも見える。〈野郎ども〉は，換算可能な価値に重きをおく学校に「意味の先送り」を見出している。そして，今ある目の前の生活の濃度を高めることに専心していた。ウィリスのフィールドワークは，関係性から

学習をとらえる状況論に響く。旧来的な学校教育的パラダイムから脱する状況論の可能性を開いてくれる。

　本書が対象として描き出そうと試みるファンカルチャーのコミュニティは，もしかしたら，不合理な営みをする人びととして社会的な烙印を押されているかもしれない。一般的な消費活動とも接続しつつ，非生産主義的なやりとりとも戯れながら創り出される独自の生活世界である。その独自の生活世界は，わたしたちの生きる世界のすぐ隣にある小さな世界のひとつなのだ。同じ対象を愛好するネットワークの外では，いったい何が愉しくて集まり，はまっていくのか皆目検討もつかない。しかし，興味に衝き動かされた活動世界に照射することにより，わたしたちの生きている日常生活における学びの愉しさを掘り下げることができる。

　ファンカルチャーの知の営みに少しでも迫るために，チサトさんに誘われながら，日本における腐女子やコスプレイヤーに見られるささやかな共愉的実践，ソーシャルメディアで陰口を叩きながらも教え合い集合的にものづくりを行うコスプレイヤー，一見なにが愉しくて集まっているのか不可思議なカラオケボックスでのアイドルファンの上映会という社会空間に立ち現れる秩序，これらを fan（熱心な愛好家）でありながら日常の fun（愉しみ）を創造する活動に着目しながら考えていきたい。

1.3　「まっとう」な女の子

　ありがたいことに，チサトさんはミミさんとわたしを腐女子文化[11]にひきいれてくれた。チサトさんとともに，大小さまざまな同人誌即売会やコスプレイベントはもちろんのこと，東池袋の執事喫茶や「ミルキーウェイ」のような腐女子の遊び場にも一緒に出向いた。2000 年代に入ってから，特に女性に向けたマンガ，アニメ専門店が東京の東池袋に増えてきたこともあって，フィールドワー

ク先として池袋が選ばれることが多かった。東池袋には8階建てのアニメイトができ，アニメイトを取り囲むように同人誌専門店やファングッズ専門店が軒を連ねるようになり，乙女ロードと呼ばれるようになっていた。

　チサトさんは，腐女子仲間やコスプレ仲間を紹介してくれた。乙女ロードのツアーに同行させてもらい，お仲間も含めてインタビューに協力してもらった。バトラーズカフェ（執事喫茶）のツアーのあとに，チサトさんに，チサトさんの友達のユメさんも交えてインタビューした場所も，池袋のチェーン店の居酒屋「月の雫」だった。月の雫はきちんと仕切られている個室が多く，まわりの目を気にせずにコスプレや同人誌の話をすることができるから，という理由だった。

アイデンティティの不可視化

　池袋にある月の雫のひとつの個室に，お隣の宴席の人たちには理解できないかもしれない，もうひとつの小さな世界が広がっている。そんな月の雫は居心地がよかった。いつもの世界のなかの，パラレルワールドのような錯覚を覚える。チサトさん，ユメさん，ミミさん，わたしからなる〈野郎ども〉の世界だ。パラレルワールドには，パラレルワールド特有の振る舞い方やゲームの設定がある。ミミさんとわたしがひきこんでもらえたのは，そのゲームの設定だ。

　チサトさん，ユメさんに言わせれば，〈野郎ども〉としての腐女子の振る舞いは，学校のゲームに照らすと不利なようだ。

「付き合った彼にもジャンプも読んだことないって言ってた。でもジャンプは毎週買って読んでますね，いまだに。でも彼氏の前では知らない，全然知らない」と，青リンゴサワーを口に運ぶのを忘れて，グラスをホールドしたままのユメさんが話す。ユメさんの語っているジャンプとは，『週刊少年ジャンプ』のことだ。

「彼氏が『ジャンプ』のマンガとか説明したらイライラしないの？」

「へー，そうなんだーって。ニコニコしてますよ。でもわたしの方が知ってるなーって」

インタビュー当時，一般に『週刊少年ジャンプ』は，青少年を対象としたマンガ雑誌として認識されていた。ただし「少年」とつきながらも購入者は「大人」の方が多いのかもしれない（週刊少年マンガ雑誌が若者にどのように読まれていたかは，北田・解体研 (2017) に詳しい）。『ジャンプ』に連載されている作品は，腐女子によって二次創作としてパロディ化されることが極めて多い。チサトさんもユメさんも，「『週刊少年ジャンプ』を熱心に読み耽る女性」ということが指し示す文化的な意味を語っている。「少年誌を読む女性」であることが「腐女子であること」と結び付けられる可能性を孕んでいるとし，その事実を隠蔽してきた過去をユーモラスに語る。

「高校の時って，どんなグループに所属していたんですか」と，文化人類学者のミミさんがさらに問いかける。

「それはもう，読む雑誌は『non-no』だったり，ちょっとませた子だと『CanCam』とか立ち読みするような。彼の話とかしたりとか」

「女の子グループだよね。まっとうな女の子のグループ」

ユメさんが合いの手をうつ。

「話題は彼氏の話か，服の話題かみたいな。でもやっぱりボロが出たりとか，ストレスもある程度溜まりましたね。そういうのは年に何回か行くコミケみたいなところで発散する，みたいな」

腐女子文化とは女子文化のひとつであり，女子文化とは女生徒文化，つまり中学校・高校の学校文化の延長線上にある文化である（石田，2014）。中学校・高校のゲームの主役は，ユメさんいわ

く「まっとうな女の子」だ。学校のなかで，インフォーマルなゲームにも生きる〈野郎ども〉としての腐女子の振る舞いは，学校のルールに照らすと不利な面があるのかもしれない。修士課程の頃に，いくつかの高校を観察してきたなかでも感じられたことだ。

　わたしたちの日常では，ふだん気づかないだけで，同時に，同じ場所で，たくさんのゲームが行われている。わたしたちは，自分が所属しているコミュニティのルールはわかる。いや，正確には，当たり前のルールはふだん目に見えない。ルールが見えるのは，ルール違反がなされた時だ。

　フィールドワークという手法はパワフルだ。ふだん，たくさんあるゲームのルールのうち，ひとつしか見ようとしないわたしたちの目に気づかせてくれる。重要な点は，支配的なゲームの背後には，実は別のゲームが存在するかもしれないことを感知し，それを見ようとし，当たり前を相対化することである。フィールドワークの手法は，その可能性を開く。

隠蔽を洩らす歓び

　チサトさんは，『non-no』のようなファッション雑誌も積極的に読むことを通して，「腐女子であること」を隠蔽し，「まっとうな女の子」に関する社会からの期待，この場合クラスメイトからの期待に沿った姿を表出する。

　チサトさんとユメさんにインタビューしながら，ハロルド・ガーフィンケル (1987) の著作にある，アグネスの事例を思い浮かべていた。ガーフィンケルは，わたしたちがふだんの日常生活世界において，当たり前の意味ある世界をどのように作り続けているのかを問うエスノメソドロジーの創始者だ。ガーフィンケルは，トランスジェンダーのアグネスが，いかに日常的に女性という性別を作り出していったかを詳細に記述している。ガーフィンケルによれば，ア

グネスは，自分が「間違った自己像」を持つ者として扱われるのを避けるために，「当たり前の女性」であることを，言葉や行動によって表示する必要があったという。アグネスは，日常的にいかにも女性がしそうな行為をし続けること（ガーフィンケルは「通過作業 (passing)」と呼んでいる）で「女性」でいようとしたのである。

　チサトさんとユメさんは，まっとうな女の子コミュニティのゲームのなかでは「カクレ」だった。腐女子としての目線でジャンプを読んでいる，という素性を隠していたから，カクレだ。石田 (2014) は，学校での「隠れやおいライフ」が，腐女子として生きる彼女たちにとっての「原風景」となっているとし，「学校のなかの腐女子の生活世界」に着目している。「やおい」とはボーイズラブや同人誌作品の俗称である。チサトさんとユメさんも，「隠れやおいライフ」のストーリーとして，まっとうな女の子のゲームの設定にのって愉しんでいたことを挙げる。

　さらに，ふたりの愉しみはそれだけではなかった。

　チサトさんとユメさんは，カクレとしての実践を腐女子のコミュニティで「ネタ」として話すことにも歓びを見出していた。ミミさんとわたしは，知らず知らずのうちに（価値ある）面白おかしいネタの生成に誘われ，参加していた。

　チサトさんは「頭のなかではジャンプのことを考えながらも，あまり興味のない『non-no』をワイワイ読むことで，腐女子であることを隠す」という「不可視化」の実践をしていた。そしてその不可視化の実践は，ユメさんとの会話のネタとして語られていた。チサトさんは，単に腐女子のアイデンティティを不可視にしているだけではなく，その不可視化実践を，ユメさんや，ついでにミミさんやわたしに，笑いの対象として「可視化」して愉しんでいたのである。アイデンティティと／アイデンティティで遊ぶ場を創り合っている。

腐女子コミュニティにおいては，「腐女子であること」を隠しおおせたことや，あやうくバレそうになったギリギリの攻防が共通の話題となり，インタビュー中も笑いを誘うネタとして話されることが多かった。学校の教室において「腐女子であること」を隠蔽するカクレの振る舞いは，チサトさんとユメさんにとって，どうやら特有の意味がありそうだ。学校の教室の中で，「まっとうな女子」とされる姿をズラして遊んでいる。チサトさんが「腐女子であることの不可視化」をし続けること，そして，それをユメさんに語ること，すなわち「不可視化の可視化」は，逆説的に，腐女子のコミュニティにとって相応しい，そして愉しい振る舞いとみなすことができる。

　ついでに，チサトさんとユメさんの腐女子ネタの会話に，ミミさんもわたしも，気づいたら笑いながらはしゃいでいた。バトラーズカフェでもはしゃぎすぎていたかもしれない。ちょっとだけ，〈野郎ども〉のネットワークに足をつっこめた気がした。

1.4　アイデンティティ・ゲーム

　ときにわたしたちは，アイデンティティを積極的に他者に示す。チサトさんもユメさんに腐女子のアイデンティティを可視化していた。そしてチサトさんが「『週刊少年ジャンプ』問題」に対処した時のように，状況によってアイデンティティを隠蔽する。腐女子アイデンティティの不可視化だ。さらにチサトさんは，アイデンティティの不可視化の実践を，ネタ話としてユメさんに示して愉しむ。不可視化の可視化を遊ぶ，高度なアイデンティティのゲームにも参加する（岡部，2008）。

　アイデンティティという用語は，青年心理学や教育心理学の講義でもなんどもなんども耳にした。古くはエリク・エリクソンの言う「自分自身の斉一性と連続性の主観的感覚にして観察可能な特質」

の意味である。このややこしい定義の面白いところは、「観察可能」という言葉が入っている点だろう。一般的に、アイデンティティとは、個人のこころのなかの状態のように考えられる。エリクソンも「主観的感覚にして」と定義しているので、個人のこころのなかのものでもある。

　一方で、エリクソンの言う「観察可能な特質」となると、こころのなかだけの話ではなくなる。行動だとか、話し方だとか、そういった表に出てくることからアイデンティティは観察可能になる。

腐女子のアイデンティティ

　状況論においても、アイデンティティは重要な概念のひとつである。学習とは新しい知識を獲得したりすることだけではなく、アイデンティティの形成を含んでいる、とするのが状況論の基本となる見方なのだ。ちょっとやっかいそうなアイデンティティという概念を、少しずつ考えてみたい。

状況論の立場から，腐女子に似た人びとのコミュニケーションを研究している研究者がいる。世界にはいろんな人がいるからありがたい。Bucholtz(1999) は，女子高校生のナード (nerd) コミュニティにおけるフィールドワークを行っている。ナードとは，優等生やガリ勉を指す言葉で，スポーツや流行といったものよりも，知的で難解な遊びを好む人びとのことである。腐女子にも少し通ずる。Bucholtz は，特に，ナードどうしがランチを食べているときの会話に着目している。彼女たちは，たまたまパンの上についていた白ゴマについて話し始める。ただし，その内容は「白ゴマは身体にいいらしいよね」といった何気ないものではなく，より科学的でマニアックな知識を含む語りだった。Bucholtz が観察した高校生たちは，ナード特有の語り口やお作法をとることを通して，ナードのアイデンティティをお互い積極的に示し合っている。

　アイデンティティとはこころのなかにあって，わたしたちの活動を縛り，コントロールするものではなく，状況や他者との関係によって可視化されるものだ。この視点は，社会学の領域でも示されてきた。たとえば，ハワード・ベッカー (1993) の『アウトサイダーズ』に登場する，メインストリームのミュージシャンとは異なる演奏をするダンス・ミュージシャンのフィールドワークがそれにあたる。この場合ダンス・ミュージシャンたちがアウトサイダーズである。ダンス・ミュージシャンたちは，一般的な聴衆向けの，耳朶に心地よい演奏だけをするミュージシャンたちを「スクエアなやつら」とわざわざ評する。スクエアとは，「四角四面の」という意味なのだろう。「真面目で古臭いやつら」とも訳せそうだ。スクエアという言葉でわざわざ他者にラベルを貼ることを通して，アウトサイダーズである自分たちダンス・ミュージシャン集団と，他のスクエアな人たちとを区別するようなことを，確かにわたしたちも日常でやることがある。「あそこはこうだけど，うちらはこうだよね」

といったように。こうした日常的な語りは，アイデンティティを可視化するだけではなく，コミュニティどうしの境界を可視化する。

　ディック・ヘブディッジ (1999) によって描かれたサブカルチャーにおいても，服装や髪型といったスタイルによって，コミュニティのメンバーが自己を可視化する側面が強調されてきた。一方で，チサトさんとユメさんの腐女子アイデンティティを取り巻く遊びは，さらに複雑だった。腐女子アイデンティティを可視化することだけではなく，腐女子であることを不可視化する実践もまた，「腐女子であること」の構築に寄与する。目が回りそうな遊びだ。

　チサトさんもユメさんも，腐女子コミュニティに生きる人たちは，すき間から愉しみを見つけることが本当にうまい。彼女らがインタビューを通して興じていたことは，腐女子アイデンティティの表示や隠蔽を自分でマネジメントするゲームだったのだろう。同じゲームのコードを共有していないと，いったい何が愉しくて集まり，相手の語りに面白さを覚え，はまっていくのか皆目検討もつかない。「腐女子である」には，または「腐女子であること」を記述するには，チサトさんたちが営んでいる特有のゲームに参加することが必要だ。ゲームに参加するということは，一緒にゲームを創っていくことだ。

状況と状態から見る正統的周辺参加論

　ジーン・レイブとエティエンヌ・ウェンガー (1993) は，『状況に埋め込まれた学習―正統的周辺参加』において，学習とは「できなかったことができるようになること」だけではなく，全人格的変容であると述べている。レイブとウェンガーは，学習を「人が実践の共同体の成員としてのアイデンティティを経験すること」とした。わたしたちが，あるネットワークのなかで何者かになっていくことを実感することが学習である，という発想といえる。

　「正統的 (Legitimate)」には，たとえば親方や熟練者の作業をいつも間近に見ることができたりするような，ホンモノに物理的に触れる環境にいるという意味が含まれている。この点は，『状況に埋め込まれた学習』における食肉加工の仕事場と仕立て屋の事例がわかりやすい。仕事場において，壁で隔てられていて熟練の加工技術を目にする機会が少なければ，学習は起きにくい。職場に入りたてのときは，（仕立て屋の事例にあるように，）ボタン付けや袖口のくけ縫いのような，「周辺的 (Peripheral)」な仕事しか任されないかもしれない。けれどもその一見周辺的な活動は，（食肉加工の事例[12]と違って，）兄弟子や親方が行う仕立ての工程全体を見渡せる場合，ホンモノの商品となる仕事の一部であることがわかる。参与者であれば，誰でも手がけられる工程があり，なおかつ，全体がひと目でわかる。「周辺性」とは，隅っこのような場所を示す概念ではなく，社会的世界に（新人であれ熟練者であれ）関わっている仕方を示す。これは学習にとって大切な状況だ。

　さて，状況はわかった。では，どういう状態を学習とするのか。

　『状況に埋め込まれた学習』では，物理的な状況に身を置き，徐々にメンバーとしてのアイデンティティが当たり前のものとなっていくことを学習とする。断酒のための自助グループ（AA，ア

ルコホリック・アノニマス）の事例がわかりやすい。断酒会メンバーは，コミュニティへの「参加 (Participation)」を通して，AAが求める「断酒中のアルコール依存症者」というアイデンティティを生成する。参加を通して，AAにふさわしい語りや振る舞いができてくる。学習をすればするほど，AAのなかで目立たない存在になっていくのが面白い。『状況に埋め込まれた学習』において，学習とは外界の知識の内化のことだけではない。学習とはアイデンティティの生成である。

　正統的周辺参加論という漢字8文字はややこしそうに見えるが，正統的，周辺的，参加それぞれを孤立させずにとらえることで，共同体の成員性の景観が生み出される。

> すなわち，十全的参加者になること，成員になること，なにがしかの一人前になることを意味している。この見方からすると，新しい活動に参入できるようになるとか，新しい作業や機能を遂行できるようになるとか，新しい理解に習熟するとかというのは，学習の意味づけのほんの一部——多くの場合，偶然的なもの——にすぎない。……学習は，これらの関係の体系によって可能になるものに関しては別の人格になること，ということを意味している。学習のこの側面を無視すると，学習がアイデンティティの形成を含んでいることを見逃すことになる。
>
> （レイブ & ウェンガー，1993，pp.29-30）

　学習とは何か，にこたえる文章なのに，知識や技能の獲得といったことがらが「学習の意味づけのほんの一部——多くの場合，偶然的なもの——にすぎない」と脇に置かれてしまう。とても難しい。佐伯 (2014) によれば，「正統的周辺参加論における学習とは，本質的に学び合いであって，個人の営みではない」こと，そして「実践

（なんらかのよきもの，よきことを産出するという人びとの社会的な営み）への参加」だとされる。学び合いを前提とするレイブらの正統的周辺参加論は，教える人と教えられる人，学習環境デザインをする人と学習環境デザインを消費する人という，わたしたちがついつい前提にしてしまっている学習観に気づかせてくれる。

　状況に埋め込まれた学習を理解しようと身近を探していたら，チサトさんを含んだ腐女子の現実もまた，実は学習そのものだということが見えてきた。チサトさんとユメさんは，インタビューという名の語らいの場において，腐女子に「なってみる」という全人格的な変容，その形成，維持，変容の姿をわたしたちに見せてくれていたのかもしれない。たとえば，インタビュー当時（2000 年代）の腐女子のコミュニティにおいて面白がられていたこと，すなわち価値のある行為としての不可視化実践と，不可視化の可視化のコミュニケーションの即興的な営みが「腐女子の姿」のひとつである[13]。

なるべき姿の曖昧さ

　チサトさんとユメさんは，腐女子の意味の世界と，ユメさんの言う「まっとうな女子」の意味の世界をゆるやかに語るなかで，アイデンティティを呈示して，そして遊んでいるように見える。レイブとともに正統的周辺参加論を提唱したウェンガー（1998）に従えば，腐女子コミュニティと「まっとうな女の子」コミュニティといった，複数のコミュニティに同時に参加している人びとのアイデンティティは，「多重成員性」という概念でとらえられる。腐女子コミュニティでのみ行為している人びとは考えにくい。そもそも腐女子のコミュニティ自体が多孔的で，さまざまな人びとと，関心が行き来している。明確なコミュニティ間の境界が目に見えてあるわけでもない。なんらかの葛藤や矛盾が知覚され，調停を試みる活動ととも

に境界が立ち現れる。

　所与に存在する複数のコミュニティに応じて，腐女子がその都度「適切な」アイデンティティを表出するわけでもない。チサトさんやユメさんは，単に，腐女子コミュニティによる「腐女子アイデンティティ」の隠蔽の期待に従うだけでもなく，クラスメイトによる「まっとうな女の子アイデンティティ」の可視化の期待に則るだけでもない。そもそもそんな期待があるかどうかも意識していないかのように，学校の教室における「腐女子アイデンティティ」の隠蔽と，「まっとうな女の子アイデンティティ」の可視化という周辺性を遊んでいるように見える。不可視化の可視化というアイデンティティ・ゲームは，そんな隙間に生じる関係性の結び目での遊びのひとつなのかもしれない。

　月に何度かなされる腐女子どうしの集いは，大学で過ごす時間と同程度に，チサトさんたちの生活を形成している。腐女子どうしの集まりやコミュニティは，学校や企業のような制度的な居場所に比べて，参加の障壁が低い。メンバーはゆるやかに離脱[14]し，しばらくしてまた関係が再燃することも少なくない。インタビューに協力してもらった腐女子から，「もう同人から手を引こうと思う」と告げられショックを受けたこともあった。ただそう思っていると，翌月には活動を再開している場合もあった。

　レイブらの正統的周辺参加論では，ある技術を身につけることや，新たな知識を得ることは，実践のコミュニティにおいて周辺的な参加者から「十全的参加者になること，成員になること，なにがしかの一人前になることを意味している」（レイブ＆ウェンガー，1993）と述べられている。野火のようにそこかしこに広がる腐女子のネットワークにおいては，「十全的参加（コミュニティのメンバーの多様な関係）」，「成員」，「一人前」の姿は，固定化したものではない。メンバーも流動的であり，なにか新たな知識や技術の中

心が存在するわけでもない。レイブとウェンガーも，実践のコミュニティにおいて「中心的参加」といったものは存在しないと言う。むしろ，メンバーの「周辺性（多様な参加の度合い）」，「変わりつづける参加の位置と見方」を強調する。「周辺」は，位置や場所を示す言葉ではなく，「十全的参加」もまた「周辺性」の一側面となる。

　正統的周辺参加論は，学習論の系譜のなかで取りこぼされがちな，特定の場所（特定の社会的・文化的集団）における民衆的実践と，そこで創り出されるものの見方や表現の仕方 (discourse) の関係を議論してきた。言うまでもなく，特定の場所における民衆的実践と，学習としてのアイデンティティ形成は不可分である。仕立て屋や AA の集まりという特定の場所には，その場所特有の学習がある。腐女子の集まりに見られる今日的なゆるやかなネットワークにおいては，「一人前」という言葉に映る「なるべき姿」自体もまた流動的である。明確な中心が見えにくいため，個々のメンバー自身が，知識や情報，ネットワーキングの機会，そしてアイデンティティをおのおのデザインすることになる。アイデンティティ形成の学習というよりも，むしろアイデンティティを生成していく学習である。

　ゆるやかで流動的なつながりにおいて，アイデンティティを生成して遊ぶ腐女子の愉しさに接近するには，実際に一緒に遊んでみることが何よりである。フィールドワークと称して，チサトさんとユメさんのように，日常生活のなかで生き生きと語り行動する人びととともに遊んでみる。流れにまかせて一緒に愉しむ他者となり，チサトさんやユメさんがやっている身振りや言動を実行する。記録の残りにくい市井の人びとがやり続けてきた振る舞いを一緒に実行し，認知科学の世界で表現する。その結果，彼女らは，わたしたちの通念のちょっとした再デザインを誘う他者となる。

5) 松村・中川・石井 (2019) は次のように述べている。「文化人類学の特徴は，あえて市場や国民国家的なものではない秩序や価値に目を向け，それらをたんに遅れているとか，非合理的だと切り捨てるのではなく，その意味や可能性を考え続ける点にある。そうすることで，私たちが普遍的だと思い込んでいるような制度や秩序，価値や倫理といった固定的な枠組みを少しでもずらし，複雑で入り組んだ世界を解きほぐすことができるかもしれない。」

6) 認知科学自体の黎明期から 1990 年代の人類学的アプローチへの関心の変化に関しては，佐伯 (2014)，上野・ソーヤー (2006) で味わうことができる。

7) 「酒場学習論」は，一般社団法人経営学習研究所の田中潤理事の言葉である。「職場学習論」(中原，2010) へのオマージュで，「古今東西，人は酒場で育てられてきた」とする。

8) 趣味研究は社会学において充実している。ピエール・ブルデューの卓越化による趣味論としては，たとえば，北田・解体研 (2017)『社会にとって趣味とは何か』や，片岡 (2019)『趣味の社会学』が非常に参考になる。なお本書の趣味は，近代以降に浮上してきた美的判断能力としての「テイスト」ではなく，「ホビー」の意味が強い。

9) 加藤・木村・木村 (2014) は，自腹をきってなにごとかを提供したり，なんらかの場ができあがったりする様式を「赤字モデル」と呼ぶ。赤字であるから活動は継続し，赤字であるから活動に歓びが生まれることが示唆されている。

10) 尾川 (2010) は，1980 年代以降の脱工業化によって産業構造が大きく転換し，肉体労働が消失したことを指摘し，「働くことを学ぶこと (learning to labour)」よりも「サービスすることを学ぶこと (learning to serve)」が求められるようになってきたと述べる。

11) 「男性どうしの恋愛を扱った作品をオリジナルの作品を書いたり読んだり見たりするほか，友情が扱われた作品から，それを同性愛的に再解釈したファンフィクションなどを作る女性も腐女子と呼ばれている」(北村，2019) という腐女子の定義には無駄のない美しさがある。北村 (2019) は，「『腐女子』という呼び方はちょっと自虐がすぎるし，またこの言葉は自虐で差別のつもりはないにせよ，まるで男性同性愛が『腐っている』，つまり同性愛差別だと誤解される可能性もある」と続けており，この指摘も重要である。

12) レイブらは「肉加工職人」の事例において，「ある肉売場は包装機械で働く徒弟には職人が肉をカットしたり挽いたりするのが見えないような配置になっていた」ことを記している。

13) 正統的周辺参加論に根ざしたフィールドワークにおいて重要なのは「一群の人々が特定の方法を用いて自分たちが同じ 1 つの文化に所属してい

ると知覚するに至る過程を叙述する」（高木，2000）ことである。ただし，「『文化』なるものがまず存在し，それに適合的な行為を遂行することがその『文化』の『成員』の課題となる」（高木，2000）視点には注意が必要だ。

　本書では，たとえば「『週刊少年ジャンプ』を熱心に読み耽る女性」に関して，腐女子が共有しているとみなされる「体験語りの文体」によって，彼女らが「不可視化の可視化」という巧妙なアイデンティティを提示していくことを示した。ただし高木 (2000) にならえば，このプロセスは，フィールドワーカーがあたかももともと「文化」に備わっている性質であるかのように「物象化」した腐女子コミュニティを前提とし，チサトさんとユメさんのアイデンティティを「発見」し，「説明」してしまっている可能性を孕む。「腐女子の『文化』なるものがまず存在し，その『文化』に沿った行為をしている」というフィールドワーカーの視点において，個々の腐女子のそれぞれに異なった現実の知覚や認識は忘却される。状況的認知の立場において，彼女らはそれぞれ現実を意味づけるために行為しているはずなのに，腐女子コミュニティのメンバーという「均一のアイデンティティ」を出現させてしまいかねない。

14) 明確に組織化された集団やトップダウン型のコミュニティとは異なる，流動性 (mobility) を含んだ曖昧なつながりに基づいた「野火的活動 (wild fire activity)」(Engeström, 2009) は，認知科学においても注目されている。香川・青山 (2015) に従いその特徴をまとめると，ふだんは異なる所属において生活している人びとが，オンラインや現実の場においてコミュニケーションをとったり，短期集中型の共同作業を組織したりしながら，新しいつながりをつくっていく活動といえる。中心となる活動を共有しながらもメンバーの紐帯の強弱は多様で，綿密な設計図が準備されているよりも緩やかなゴールが共有されている。このような特徴をもつがゆえに，参加の動機においても個々人それぞれで多様である。

密猟と共創
─面白さへと向かう回路

第2章

2.1　テクスト密猟者

　ココさんにインタビューをお願いした日は，余裕のある大きめの
カバンで行くようにしていた。

　ココさんは京極夏彦作品を愛する同人誌作家で，特に「百鬼夜行
シリーズ」もしくは「京極堂（きょうごくどう）シリーズ」にはま
っていた。このシリーズは，第二次世界大戦の戦中・戦後の日本を
舞台とした推理小説で，民族的世界観をミステリーの中に構築し
ている点が特徴である。以前から知っていたかのように語ったも
のの，わたしはココさんの二次創作から，初めて京極堂シリーズを
知った。『姑獲鳥（うぶめ）の夏』の映画のおかげで，わたしの京
極堂シリーズの学習はだいぶ助かった。京極夏彦作品は，長いもの
で 1000 ページを超えるものもある。文庫本で 1000 ページは，立
方体のチョコレートケーキのようだ。

ココさん

　ニワカのわたしと違って，ココさんは筋金入りの京極夏彦ファン
だった。ココさんは高校生の時から京極堂シリーズに触れていた。
オンライン上に京極堂シリーズの二次創作が公開されていたよう
で，海外で生活していた時期も生きる支えになっていたと語ってい
た。

ココさんもカクレだった。「大学生になったのでオタク活動を封印していたんです」と言う。ココさんが原稿を書くためによく来るという東京都の神保町のファミリーレストランでは，スーツに身を包んだ人たちが，ランチを食べながらパソコンを広げている。ひとりで来店している人びとが多い。

　高校を卒業し，大学に入学してからは，講義やゼミの活動，アクティブなサークルに没頭していた。しかし，大学4年生になって就職先が決まり，時間にゆとりができた際に，「ふと魔が差して，ネットで京極夏彦の同人誌を漁り始めたんです」と神妙に語った。ココさんが暇を持て余してネットで検索した結果，3～4年ぶりに目にした二次創作の小説やマンガにはまり，一気に読み漁った。しかし，コミックマーケットのような大規模な同人誌即売会でも，当時京極夏彦コミュニティは他の有名ジャンルに比べると小さく，作品は限定的だった。

　同人誌の数，そしてレベルの高い作品も限定的であったことが，ココさんの興味を衝き動かした。

「もっと読み漁りたい。でも，もうない。ならば自分で書く。そう思ったんです」

　インタビューを盛り上げようと，ココさんは少しネタ的に誇張して語ってくれていたのかもしれない。実際に，ココさんはドメインを取得しサイトを立ち上げ，徐々に，愛に溢れた思いやりのある京極夏彦ファンや同人誌作家の人たちとオンラインでも対面でも知り合うことが増えていった。「読みたいものがないなら，自分で書く」と語るココさんは，書き手と読み手が混ざり合った存在である。

　ココさんは，個人サークルを立ち上げ，コミックマーケットをはじめとする即売会で同人小説を頒布するようになる。大規模な同人誌即売会においても，作品ジャンルは一元的ではない。その時々の旬のジャンルがあったり，サークル数が大きく違ったりもする。た

だし，たとえばメジャーな『名探偵コナン』のサークルと京極夏彦作品のサークルは質的には等価である。それぞれのジャンルやサークルの自律的な頒布が保証される協働的な場が創出される。来場者にも，多層的な選択の可能性が開かれている。

　他の同人誌作家とつながることで，ココさんの二次創作のクオリティも極めて高いものとなった。ココさんと興味が近いアフィニティ（関心共有）グループのネットワークは，ひとつのことにはまり，興味を追い求めるココさんの能力，執筆能力を爆発的に拡張してくれた。ココさんの執筆スピードはすさまじく，カレーを作り置きし，仕事のない土日を4週間びっちり使って書き上げることも当たり前だった。多作ゆえに，インタビューで半年に1回程度お会いするたびに，数冊の新刊ができあがっていた。ありがたくも頂戴した新刊本を持ち帰るには，大きめのカバンが必須だった。

　ココさんに限らず，興味に忠実に，同人活動のための新しい場や機会を提供してくれるニッチな情報を検索したり，特定の作品について詳しい人びとが集うオンライングループに質問を投げたり，創作物をオンライン上で発表したりする活動は，今や当たり前のこととなっている。多くの腐女子がデジタルデバイスとネットワークを介して興味のコミュニティとつながっており，そこでスキルや専門性を獲得し，同じ興味を持つ他者とプロジェクトを立ち上げて頭ひとつ分背伸びした自分に出会い，遊んでいる。

ココさんの解釈

　チサトさんのときもそうだったけれども，ココさんへのインタビューや同行調査も，質的調査やフィールドワークのテキストに載っているような枠から，徐々に徐々にズレていった。特に，ココさんの同人サークル仲間のマリさんも交えたインタビューでは，それはほとんど萌え語りだった。萌え語りとは，どのような作品やキャラ

クターの，どのような仕草やセリフに強い興味を覚えたのかを，ワイワイ言いながら仲間に対して表示し合う実践である。

「これは本編に比べて内容がものすごい軽いんです。で，あの，ね……」と，いつものように京極夏彦の二次創作を指差しながらココさんが語り，「うん」とマリさんが相槌を添える。指の先には，表紙で微笑む中禅寺秋彦，榎木津礼二郎，関口巽がいた。みな，京極夏彦「百鬼夜行シリーズ」の重要人物だ。

「かわいい」

「かわいい」

「かわいいよね」

「うん」

というふたりの自然な会話のあとに，わたしの声で「榎木津ねー」と発せられていた。録音したデータを聞き返すまで気がつかなかった。逐語録を作成していたわたしにとっては大事件だったが，現場では何事もなかったように，「うん榎木津が。あ，中善寺もかわいい。それは見る人によって違うから何とも言えない」とマリさんが会話を続けていた。わたしも，意識せず萌え語りに参加していたようだ。調査者として褒められるものなのかどうか，わからない。ただし，あらゆる立場のあらゆる意見が，解釈の真理に貢献するとみなされているかのようで，心地よい。

　ココさんがわたしに語る。

「関口がかわいい人も……まあ，わたしは榎木津関口が好きなんです。こっちの方がメジャーなんです。やっぱ関口受けが一番メジャーなんです」

　フィールドワークを重ねるなかで，腐女子やコスプレイヤーのコミュニケーションに「とりあえず参加してみる」と，少しずつ用語の意味がわかってくる。ココさんの語る「榎木津関口」は，正確には「榎木津×関口」である。×はカケルとも読むが，発音されな

いことが多い。× はカップリングを示す記号で，男性どうしの恋愛関係を描く際の，登場人物の組み合わせ方を示している。カップリングされた男性キャラクターのうち，× の前に配置される者が，創作される物語上の恋愛や性行為をリードする側で，「攻め」と呼ばれる。一方で，× の後はリードされる側で「受け」と呼ばれる。

榎木津 × 関口を例にすれば，ココさんは，まず榎木津と関口のカップリングを好んでいて，かつ，榎木津が攻める二次創作を好む，といった具合だ。この役割配置は読み手によってさまざまあり，ココさんとマリさんとの間でも異なっている。ココさんとマリさん（そして，わたし）のカップリングに関する語りは，萌え語りの重要な部分だ。

解釈の共同体

マンガやアニメのファン，そしてココさんのような小説のファンは，原作となるテクストをいったん解体して読み替え，新たな構造の二次創作を愉しむ。いわば，テクストの再構築に歓びを見出す。彼女らは，原作のテクストでは描かれることのない男性の登場人物どうしの恋愛関係を独自に読み取り，表現する。純粋な恋愛から濃密なものまでさまざまな型があり，感情の揺れ動きが細やかに描き出される。

北村 (2019) によれば，彼女らは「極めて生産的な読解技術を持っており，本来まったく性描写がない作品でも，男性どうしの関係性からエロティシズムを読みこむことができるといわれている。こうした読解技術を身につけていない人にはなんらセクシーに感じられない関係性であっても，腐女子はそこからセクシーさを見出すことができる」。既存の物語から別の物語を派生させるテクスト密猟には，近年の認知科学におけるホットトピックのひとつである「投射（プロジェクション）」が不可欠である。特に腐女子は異投射や

虚投射を通して，既存の作品をそのまま認識するのではなく，別の物語として見る（久保，2019，鈴木，2019）。

　ヘンリー・ジェンキンス (1992) は，二次創作を志向してテクストを読むファンを『Textural Poachers（テクスト密猟者)』にまとめている。ジェンキンスは，ファンがメディアをどのように受容しているかを研究するうえで避けられない研究者のひとりだ。「密猟[15]」という言葉は，ミッシェル・ド・セルトー (1987) の『日常的実践の詩的ポイエティーク』のなかの重要な概念だ。

> 　ド・セルトーは，読者にとって有用なものや愉しいものだけを奪い取る，文芸の保護区 (the literary preserve) に対して不躾に襲撃する，そのような能動的な読みを「密猟」と特徴づけている。「作家からはほど遠く，……読者は，書きもしない野原で密猟する遊牧民のように，誰かの土地をこえて移動する。……」(p174)。ド・セルトーの「密猟」のアナロジーは，作品の所有とその意味の管理のための継続的な闘争として，読者と作者の関係を特徴づけている。ド・セルトーは，意味の生産と流通を規制するために，大衆的な「複数の声 (multiple voices)」を抑制する，作者と制度的に認められた解釈者によって支配される「聖典経済 (scriptural economy)」について語っている。
>
> （Jenkins，1992，p.24 より筆者翻訳）

　ミッシェル・ド・セルトー (1987) の関心は，「ふつう使用者というのは，受動的で規律に従っているものとみなされているが，いったいかれらはどのような操作をおこなっているのだろうか」という点にあった。そして道具や制度の使用者たちが，儀礼や慣習，または社会システムに従いながらも，何とか自分たちにとっても利益

となるよう，能動的に働きかける「戦術」的な行為に着目した。セルトーは，実践者たちが，社会文化的な生産の技術によって組織されている空間をふたたび我がものとするための「もののやりかた」(manière de faire)」を「日常的創造性の手続き」として重視する。すなわち，現行の社会空間や制度に直接的に抗うことなく，その内部で何とかしようとする人びとのやり方のことである。

　ジェンキンスは，ミッシェル・ド・セルトーの密猟のアイディアに則り，既存のテクストの行間に意味を与えたり，テクストにはない別のエピソードを生産したり，別のテクストと繋ぎ合わせたりする「意味の生産者」としてのファンの能動性に着目する[16]。商業的な作品に愉しみを加えていくファンの活動は，「聖典経済」を更新していく可能性がある。ココさんもマリさんも，与えられたメディア・テクストをただ無抵抗に受容し，消費するのではなく，作者の意図を超えたテクストの読みを実践する密猟者だ。原作と対峙したテクスト密猟者は，読者として作品を愉しみつつ，同時に，従順な読者のままでいることから自身を解放する。書物に溢れる知に一方的に飼育されるのではなく，共愉的な道具として小説との関係を切り結び，自律的な読書の機会に誘われる。

　北村 (2018) によって著された『シェイクスピア劇を愉しんだ女性たち：近世の観劇と読書』には，「愉しみを追い求める人々が作品の普及と保存に果たしている役割」がいかに大きいかが示されている。北村は，16 世紀末から 18 世紀半ば頃までに女性が使ったと考えられるシェイクスピア刊本を対象に，とてつもない量（800 冊以上）の戯曲本や翻案を，イギリス，日本，アメリカ，フランスなどの多数の図書館で詳細に追っている。そして，シェイクスピアに関する独自の解釈を愉しむいくつものコミュニティが存在し，意見をぶつけあう様子を描いている。

ファンとして二次創作を愉しむココさんやマリさんは，もしかしたら，取るに足らないことに心を奪われている人びととして軽視されるかもしれない。しかし，「本を読んだり芝居を見たりしているファンは，知らないうちに意見交換を通して解釈戦略を作り，解釈共同体を生んでいる。……このような解釈の戦いに参加した女性たちが，本を読み，芝居を見ることから得た愉しみ (pleasure) をできる限りひろいあげていきたい」という北村 (2018) の書に触れると，気づかれないまま失われてしまいがちな彼女らの萌え語りは，原作を世に残すことにも寄与することに気づかされる。

> 　教養や財産の点でめぐまれた女性だけだったとはいえ，すでに17世紀の初め頃から女性はシェイクスピアを観劇し，読み，記録を残すことをしていた。……そして大きな役割を果たした女性たちの後ろには，本を読んで自分の名前を書き込んだり，芝居を見に出かけたりするだけで，批評や作品は残さなかったがシェイクスピアを愉しんでいた，多くの女性たちの姿があった。……大きな業績を残した女性たちも，シェイクスピアを愉しんだ多数の無名の女性たちからなるファンダムの，仲間のひとりだったのだ。
>
> 　　　　　　　　　　　　　　　　　　　（北村，2018，pp.225-226）

　後世に残す「ために」腐女子が密猟に勤しんでいるかというと，そうではないように見える。むしろ，今ある生活の濃度を高め，ズブズブのめり込んでいく愉しさに忠実であることが想定される。腐女子は原作である「聖典」をじっくり味わい，理解したうえで，その解釈をズラして愉しむ。理解の土台を作っておいて，解釈をズラしていく。腐女子は，ズレていく。真ん中からズレていく。腐女子と語るわたしも，状況論の中心からズレていく。

1990 年代のファン研究の主流は，ジェンキンスとは少し様相が違った。もっぱら，たとえばアイドルを受容するファンによる意味解釈や意味付与を扱うものが多かった。代表的なものとして，マドンナの女性的な表現から，逆に男性支配社会への抵抗的な意味を読み取る積極的な解釈を愉しむカルチュラル・スタディーズにおける研究が挙げられる（フィスク，1998）。

　従来，ファンは受身的なオーディエンスとして語られてきた。たとえば，テレビで放映された番組をただただ受容するだけの存在としてのオーディエンスである。しかしジェンキンスによって，積極的に意味を生成する存在としてオーディエンスが議論されるようになってきた。「参加型メディア文化」(Jenkins, 2009) が成長することで，ピア（仲間）ベースでサポートを受けたり，フィードバックし合ったりしながら，表現活動や社会的な活動への参与がより広がった。同人誌に限らず，映像や音楽の創作，ゲーミングのグループなど，興味に衝き動かされた人びとが，オンライン上でインフォーマルなガイダンスを受け，仲間と一緒に協働で作品を世に出している (Ito et al., 2009)。さらに 2000 年代に入ると，ファンによる対抗的で能動的な解釈による快楽よりも，ライブ DVD の鑑賞やロケ地巡りといったファンどうしの遊びを通して紡がれる「関係性の快楽」（辻，2012）と呼ばれる事象が着目されるようになった。

　ファンどうしの関係性の快楽や，日常における愉しさの具体性は，ファンの集まりに見ることができる。ファンは，集まりを愉しむことを志向し，共同で即興的に振る舞うことになる。もう少し，腐女子どうしによる，即興的な歓びの形成について見てみよう。

2.2 それぞれの密猟が混ざり合う

　テクスト密猟者どうしの歓びのコミュニケーションは，壁で仕切られた月の雫の座敷でも幾度となく耳にした。

「仮面ライダーカブトは朝8時からで，主人公は受けなんです」
　ユメさんの萌え語りがスタートする。
「ユメがそういうふうにわたしを洗脳してから観るから，そういうふうにしか見えないんだけど」
　チサトさんは萌え語りの合いの手が本当にうまい。
「主人公はツンデレなんです」
「ツンデレなのに受けなの？」
　わたしの合いの手はイマイチだ。
「ツンデレは受けですよ。俺様なのに受けなんです。わたし，乙女攻めが好きなんで。攻めの方がすごい乙女思考なんですよ。誕生日には，こういったことしてって，イベントごととかをすごい大事にしてるんですよ。なんか，とにかく乙女思考で攻める」

　萌え語りに突入したチサトさんとユメさんの発話を文字起こしすると，1分あたり600字くらいになる。なのに，ふたりはほぼ噛まない。文字起こしをするわたしは大変だ。
「ユメさんはずっと乙女攻めが好きだったの？」
　いったいわたしは，ユメさんに何を聞きたくて，何を語らせたいのだろう。文字起こしは恥辱と反省の連続だ。
「最近です。変わるんですよね。今は，受け受けしい受けがダメになりましたね」
「へー」
　へー，じゃない。文字起こししながら，わたしの適当な返答に自分でツッコむ。

「受けしかできないようなキャラっていうか，攻めを押し倒せないような受けが」

　さすがユメさん，「へー」というどうしようもない相槌から，理解していない調査者を見抜き，きっちりと受け受けしい受けがなんたるかを説明してくれる。

「男らしく受けてくれって」

　チサトさんの合いの手はいつだって完璧だ。

「そう，そうなの。男らしく受けてほしいの。ちゃんとキャラのたった芯のある受けであってほしい」

「そうね，自立してない受けは嫌だ」

デザインド・リアリティ

　途中わたしが会話の腰を折ってしまっていたが，チサトさんとユメさんの仮面ライダーカブトの密猟は，作品の解釈共同体の愉しみにあふれていた。仮面ライダーカブトの作品がもつ設定を原典のままベタに愉しみつつ，その設定の枠外から，別の視点を持ち込んでメタにも愉しんでいる。毎度感心する愉しいズラしだ。

　チサトさんもユメさんも，数多くのジャンルのマンガや小説を読み込んでいる。アニメのチェックも忘れない。彼女らは，アニメやマンガに興奮したり情動を揺さぶられたりしながら，同時に，物語の再解釈を愉しむ。漫然と消費するだけではなく，妄想をふんだんに練りこんで物語を再構成する。作品自体を愉しまないというわけではない。キャラクター，ストーリー，表現を理解し満足したがゆえに，その作品を再解釈する満足まで至らないと物足りない。

　個々人の嗜好や妄想に枠取りされた自由な再解釈なので，再解釈の方法の幅や揺れのレンジは果てしなく広がりそうだ。しかし実際は，それぞれのアニメ，マンガのジャンルに特有の読解・再解釈技法の歴史に則っている。解釈の流行もある。中高生の頃から原作と

ともに二次創作を読みふけってきた彼女らは，知らず知らずのうちに，腐女子としての読みの解像度を高めている。

また，彼女らは再解釈の歴史，再解釈の方法，再解釈の制約といった，作品を読み込む際に武装する解釈装置を自らデザインしてきた。他の腐女子がとうてい共感できないような再解釈ではなく，洗練された妄想で原作の再構成を愉しむ。唯一無二の正しい再解釈があり，その再解釈を消費するのではなく，自らデザインしてきた読みの方略のなかで，自分たちが愉しむ作品世界をとらえる，「現実構築（デザインド・リアリティ）」（有元・岡部，2013）だ。わたしたちは，固定化したユニバーサルな現実のみに生きるわけではなく，わたしたち自身が（再）デザインをしている現実を生きている。

チサトさんたちは，原作を丹念に読み込んで，作品に描かれた男性像に着目するとか，物語の背後にある（かもしれない）純愛を読み解くとか，さまざまなやり方で分析を愉しむ。他の同人誌作家の二次創作を読むことで，自分とは異なる解釈を知り，解釈の沼が広がる。深く作品に潜り，各々の嗜好で再解釈を愉しむ腐女子の読みは，おそらく他の誰かを沼のほとりに招く。深く潜り込んだ誰かの読みに，他の誰かが溺れ，さらに読みの解釈は拡散していく。こうして，常に解釈の共同体は変形する。

月の雫の会話で，彼女らは，自分がどういった特性を持つ主人公が好きで，どういったタイプの主人公が嫌いであるか，といった考察をしている。チサトさんとユメさんは，自分たちの嗜好と，他の人が持つかもしれない嗜好を区分するためのさまざまな萌えを描こうと隠喩を試みる。どんな性格の攻めの主人公が，どんな状況で，どんなセリフをはくのか，そして受けは受けでどんな登場の仕方があり，どんなコミュニケーションが生まれるのか，といったことをひとつずつ細分化し，それぞれに適切な言葉を探し出している。ユメさんの「受け受けしい受け」，チサトさんの「自立してない受け」という，経験豊富な密猟者の才能あふれる隠喩は，仮面ライダーの新しい現実を知覚させてくれる。

　物語の解釈を通した萌え語りとは，変容のコミュニケーションである。直接的な仮面ライダーの説明とは異なる隠喩は，萌え語りの相手の情動を揺さぶり，さらなる創造的な隠喩を引き起こす。

やたらメタに読む

　月の雫の夜は長い。

「ラッキーさんはコナンが大好きで，もともとキッド×コナンだったんですけど，わたしはコナン×キッドが好きなんで。あの小さい体で……」

　チサトさんの萌え語りは，週刊少年サンデーの『名探偵コナン』に急転していた。実は，『仮面ライダーカブト』と『名探偵コナン』のあいだに，タイトルを聞いてもわからない作品も登場していた。チサトさんとユメさんの発話を聞きながら検索をかける。文字起こしも，予断を許さない。

「なんだっけ，あの」とユメさん。

「体は子ども，頭脳は大人，っていうのがわたしの中では刷り込まれてて，逆に子どもになったら性的欲求っていうか鬱屈したものが

全て爆発するっていうのが，もう。それをラッキーさんに熱く語ったら，わかるようになってきたって言われた時は報われた感じがした」

　ラッキーさんという人は，どうやらチサトさんとユメさんの共通の知り合いらしい。チサトさんとラッキーさんは，同じ『名探偵コナン』が好きなようである。ただし，その主要登場人物であるキッドとコナンという両者のカップリングは正反対だったようだ。価値観の出会い頭の事故，もしくは解釈共同体間による非暴力的な内ゲバの予感がする。腐女子どうしの語りにおいて，原作のどの登場人物を攻めとし，どのキャラクターを受けとするかが肝となる。

　チサトさんは，チサトさんの読み解くカップリングの正当性を，ラッキーさんに熱弁したと述べる。結果，ラッキーさんに，チサトさんのカップリングの解釈が「わかるようになってきた」と言われ，その心情を「報われた」と表現している。どちらかの解釈を矯正して，またはどちらかが解釈を捨てて，もう一方の解釈に合わせるだけではない。かといって，単に違いを認め合い，表層的な共感で済ませるわけでもない。お互いの解釈をお互いがケア合いながら，より高次に引き上げようとする。この瞬間，原作のテクストを「やたらメタに見る」腐女子特有の共感の仕方を垣間見たように思われた。「メタに見る」とは，対象や状況を俯瞰的にとらえながら，自分なりに言語化する行為である。

　腐女子たちは，「やたらメタな視点で」テクストをとらえる。まずは個々の興味に衝き動かされて原作のテクスト，そして特定のカップリング，特定のシチュエーションの二次創作にはまったり，自分で描いたりする。そのうち，なぜ自分がある特定のカップリングやシチュエーションに感動したり興奮したりするのか，解釈し始める。

　仮面ライダーカブトの「受け受けしい受け」や「男らしい受け」

と同じように，名探偵コナンにおける「コナン×キッド」という
チサトさんの見方も，萌えの変数による嗜好の区分だ。この時点で
は，チサトさんの名探偵コナンをとらえる解像度は増幅したもの
の，それはチサトさんに閉じた解釈にすぎない。チサトさんは，コ
ナン×キッドの解釈をラッキーさんにぶつけてみる。ラッキーさ
んは，チサトさんとは異なるカップリングを愛好する。チサトさん
の生成した意味は，隣の島とは違っている。腐女子の嗜好は，島ひ
とつ違えば異なる固有種であるのが常だ。

　そんなラッキーさんが，理解を覚え始めたかのような発話をし始
める。腐女子どうしの会話では，「そういう読みもあるよね」とお
互いの解釈をまずは受け入れることが多い。隣の島の意味を認めて
いく[17]。ただし，理解といっても，チサトさんのカップリング解
釈にラッキーさんが安易に鞍替えするわけではない。完全に理解し
たわけではないのだろうが，異なる意見を引き受け，「わかるように
なってきた」と，考えを刷新しようと試みる。

自分なりの愉しみをみつける

　チサトさんとラッキーさんの対話は，テクストの再解釈に対する
理解の関わりが生じた事例であるとみなすことができるのではない
だろうか。ラッキーさんが，チサトさんの解釈をチサトさんの視
点に立って理解する。チサトさんも，ラッキーさんの解釈をラッキ
ーさん側から理解する。共感的な視点がふたりの密猟と混ざり始め
る。

　腐女子ネットワークの面白いところは，チサトさんのように，自
分の解釈のみに閉じない人びとが登場することにある。腐女子どう
しの集まりの場においておのれの解釈を語る。そこに，他者からの
解釈が混ざりこむ。自分の解釈に閉じない，他の解釈が混じりこんで
くる状況をわざわざ構築することがファンカルチャーの面白い点だ。

ファンカルチャーに生きる人たちが，テクストを再解釈して愉しみ遊ぶことは，ひとりでもできる。だが，あえて他者と集まり，ひとりでもできることを複数人で行う。諏訪 (2019) は，一人称的な視点でものごとをとらえることを通して，次第に二人称的な関わりが生まれてくる理由を論じている。

> いつまでも一人称視点にしがみつき自分勝手に解釈していると，優しくないものごとには心を閉ざすしかない。しかし，対象世界と自分の間のインタラクションを，優しいことも優しくないことも含めて，その全てをウォッチする環境に身を置くと，（心を閉ざさないとするならば）相手の視点と折り合いをつける以外に生きる道はない。

（諏訪，2019, p.42）

　自分の興味に衝き動かされて，一人称視点で同人誌と相対することから始めるからこそ，腐女子どうしの集まりにおいて，二人称的関わりへモードが切り替わる。ひとりでもできることを，何人かで集まって行うことの意味はここにある。さらには，二人称的な関わりのモードに向けてのめりこむこと，はまることを通した一人称視点の獲得もまた，共創においてはとても重要なことだ。
　「一緒に何かやっている」，「一緒に何か新しいものを生み出している」だけでは，共創の一歩手前なのかもしれない。腐女子の強みは，自分自身が強く深く愛好する作品やキャラクターを，他者には理解されないかもしれない独自の視点で読みこんでしまう，その心性にある。誰からも頼まれていないし，誰からも押し付けられていないし，何になるかはわからない。けれどもそんなことを抜きにして，自分でも避けることができずに読み込み，作品を再解釈してしまう。ただし，その行為が何になるかはわからない。

共創を，「皆で力を合わせて一つのゴールを形成する」ことと考える向きもある。しかし筆者は，共創をそういう現象とは捉えない。「皆で力を合わせて一つのゴールを形成する」は，佐伯（2017）がいうところの「同感的関わり」（「私たちみんな仲間よね」という関係性）であって，共感的な二人称的関わりとは異なる。共創とは，互いの存在を活かし，各々が一人称視点で，自分も含めたダイナミックな場のインタラクションを観察しながら，次第に，心の中に二人称的関わりを醸成し，折り合いをつけながら，自分なりの新しい生き方をみつけることではないだろうか。

（諏訪，2019，p.43）

　萌え語りをするということは，ふたりの腐女子の読みが並置され，ひとりの読みがもうひとりの読みを通して解釈，創造されていくことである。腐女子は他者の萌え語りと自分の萌え語りを並行しながら新しい解釈を発見する。萌え語りとは解釈を通した新しい現実を創ることである。ふたりの間の読みのズレも織り込み済みで，他者の異なる視点にプレイフルにぶつかっていく。腐女子仲間の読みを面白がり，触発され，あらためて作品を読みなおすことで自身の解釈が広がっていく感動を覚える。

　腐女子は語る。腐女子は一人称的にとらえた視点を他の腐女子に語る。語らずにはいられず，相手に手渡す。語ったことが相手に渡る際，語った人が意図していなかったことも含めて解釈される。意図していなかったことがらは，機械的なコミュニケーション論から見たら「ノイズ」であり，このノイズは除去されるべき対象となる。ただしノイズとは，萌え語りの受け取り手の創造性そのものである。排除され無視されるノイズもまた，学習のリソースである。読み込んで，つい解釈してしまって生まれた知が共有されること

は，他者の解釈を通した創造のコミュニケーションである。やはり，知とは動的なものだ。

　そして，ひとりでもできる作品の「読み」を，自分も含めた腐女子の集まりにおいて提示してみる。ドキドキしながら，他の腐女子がどのように受けとめるのか，自分の解釈に対する反応を待つ。場合によっては拒否される可能性だって十分にある。その即興的なインタラクションを多角的な視点から眺めて，すなわちメタに観察しながら，次第に，相手との共感的な理解を探り合う。一部主張を引っ込めたりして折り合いをつけながら，対話の濃度を高めていく。そこに，換算可能な価値を見出すことは難しい。

　こうして，自他の読みを了解し合える一瞬が生じるかもしれない。お互いの読みの単純な相互理解ではなく，読みを成立させている根拠を相互理解し合える対話を通して，歓びが生まれる。自分の読みが一瞬他者に受けとめられた歓びの一方で，どうしても相手の読みに入っていくことのできないもどかしさもあるだろう。もどかしさを解消するために，また作品を読みこみ，言語化する。このインタラクションこそが，腐女子の集まる歓びなのかもしれない。

---

15)　『日常的実践のポイエティーク』の解説によれば，「密猟」の技法とは，「既成の権力的秩序やコードに巻き込まれながらも，その内部にあってそれらを逆用しつつずらしたり別のものにつくりかえたりする沈黙の民衆の生活の知恵」であった。さらに，「民衆的理性と民衆的実践という「ざわめき」に身を置くことは，単に反逆の身振りをしてみせることではない，それは，別種の新しい理性の模索なのである。」

16)　意味の生産活動は，アニメやマンガなどのファンによるメディアの読み替えだけに限った話ではない。たとえば 80 年代から 90 年代にかけて「ウォークマン」に代表される道具が，人びとの公共空間での行動様式を大きく変えた (du Guy, 1997)。

17)　中原・長岡 (2009)『ダイアローグ 対話する組織』では，異なる意見であっても否定せずに，共感的な理解を深めていくために，「対話」が必要で

あることが示されている。すぐさま相手の言動を否定するのではなく，相手の言動の背景や意図を聞いてみることの価値について論考されている。

第3章 学びと遊び
—生活の濃度を高める

3.1　知覚の文化性

♪ *Welcome to the Hotel California*

　目黒の研究所から横浜のボス宅まで，ボスの車に乗せてもらって移動することが多かった。カーステレオからは，たいてい，哀愁ただようイーグルスのアルバム『ホテル・カリフォルニア』が流れていた。

　ボスと車で移動するということは，深夜までボスの酒場学習論が開講されるということである。店員さんも夜遅い時間で疲れているだろうが，あたたかな笑顔で迎えてくれる。

♫ *Such a lovely place*

♪ *Such a lovely face*

　『ホテル・カリフォルニア』のメロディは，深夜に居酒屋から自宅のアパートまで1時間歩いて帰ることを予告する。ボスは気持ちよく酔う。途中からウーロン茶ロックを注文するわたしは，ボスが問題なく帰宅するための組み合わせとしてとってもちょうどよかったのかもしれない。

♫ *'This could be heaven or this could be hell'*

プールは泳ぐためにあるんじゃない

　ボスは西海岸，特にスタンフォード大学，カリフォルニア大学バークレー校やシリコンバレーを中心とした認知科学のコミュニティや，状況論のネットワークの最前線からゴシップネタまで，とてつもなく詳しかった。酒場学習論の講義においては，それだけでなく，さまざまなストリートカルチャーを題材に，西海岸文化について教えてくれた。

　酒場学習論のなかでも抜群に面白かったのは，『DOGTOWN & Z-BOYS』という，1970年代のサンタモニカ周辺を舞台にしたスケートボーダーたちのドキュメンタリー映画が取り上げられた回だ。とにかく権威的な立ち居振る舞いが大嫌いだった，ボスならではのチョイスだ。

　Z-BOYS とは，今日のスケートボードのテクニックのもとを創り上げ，1970年代の革命的なムーブメントを引き起こした伝説のチームの名称である。Z-BOYS は，それまでの真面目なスケートのやり方をファッショナブルに変えた。もともと，サンタモニカの荒れ果てた桟橋や廃墟と化した遊園地のすぐそばで，あえて危険なサーフィンをしていた荒くれ者たちだった。彼らの活動記録は，メンバーによって映像に残されている。当時の映像そのままに，Z-BOYS がいかにサーフィンの動きを応用した立体的なスケーティング・スタイルを生み出していったかが，ジミ・ヘンドリックスの音楽とともにつくりこまれている。

　Z-BOYS は，ハッカー同様，誰に頼まれたわけでもなく，スケートボーディングにはまりまくっていた。愉しんではまっていたら，今日のスケートボーディングにつながるトリック（技）を創造し，結果的に商業的な部分にも大きく影響することとなった。イアン・ボーデン (2006) の『スケートボーディング，空間，都市—身体と建築』にも，サンタモニカのスケートボードの技術的発達

が詳しく記されている。ボーデンによれば，スケートボーダーたち
は，「校庭，バンク，排水溝，プール，パイプなどの都市空間を流
用し，コロニー化していく」ことに長けていた。Z-BOYSの映像
にも，留守にしている他人の家の庭に勝手に忍び込み，大規模な干
ばつで少なくなったプールの水をきれいに抜き，エアリアルのよう
な，今日につながる新たな技を練習しまくる様子が描かれている。

　ロサンゼルスの富裕層の庭にあるプールは，日本の学校や競技用
のプールとは異なり，ボウル状だ。サーフィンの身体の使い方を，
ボウル状のコンクリートという空間とセットで応用し，スケートボー
ドの技術に転用した創造性に感動する。ただし，しばらく技の練
習をしているとプールのコンクリートはスケートボードのタイヤ
で削れてくる。そうなると次の溜まり場を探していたらしい。「プー
ルは泳ぐためにあるんじゃない，スケートボードのためにあるん
だ」と映画のなかでZ-BOYSは語る。プールの所有者にとっては
たまったものではないが，プールの水が干上がれば干上がるほど，
Z-BOYSの活動は満たされる。

　プールに限らず，ゲイテッドエリアにつながる道路の連続バンプ
もまた，スケートボーダーにとっては「車の速度を抑制する凸凹」
ではない。新たな技を決めるよう挑発 (evoke) してくる道具なので
ある。坂道，学校の校庭，他人の家のプールなど，さまざまなコン
クリートの空間に侵入したり削りとったりすることは違法だが，ボー
デンはそれらを「空間戦術」という言葉で描き，創造性を見出し
ているように読める。彼らにとって，コンクリートは無味乾燥な広
場ではなく，創造の遊び場である。

都市空間のハッキング

　荒くれ者はいないし，勝手にひとの家の庭で活動しないし，主催団体が管理責任者に許可をとって行われる穏やかなものだが，コスプレイヤーの空間戦術にも目を見張るものがある。コスプレイベントの会場も，コンクリートで囲まれた都市空間だ。

　「いろいろ見方が変わってきますね。やっぱコスプレ的な目線で物事を見るようになったという。たとえば，外歩いてたら，あー，ここロケ地だったらいいのになーとか」

　東京のコンクリート街を，初音ミクのコスプレをしたハナさんと歩く。ハナさんは大学の研究室の学生でありコスプレイヤーだ。「恋は戦争」バージョンの初音ミクだそうで，手には自作の拡声器を持っている。布代から何からすべて含めて，総額600円で製作したと得意げだった。費用をかけずにできる限り高いクオリティに仕上げるという欲求のための戦術である。国内に限らず，近隣アジア諸国にはコスプレの衣装製作を請け負う企業がたくさん存在する。お金をかけて業者に発注すると10,000円程度かかってしまうことを考えれば，600円で完成させたということで得意げになることも頷ける。

　コスプレイヤーたちのイベント会場は，平日はオフィス街として会社勤めの人たちが行き交うエリアであったりもする。休日のイベント時には，何か特別な背景が加わるわけではない。スーツ姿の人たちがいなくなり，かわってアニメやゲームのキャラクターが芝生やレンガの塀や蔦を専有 (appropriation) する。田中 (2012) が述べるように，無意識的であろうと偶発的なものであろうと，結果的にコスプレする人びとは，一時的に都市空間を収奪し都市の風景を変容させてしまう。

　都市空間のハッキング（松浦，2015）ともいえるだろう。ハッキングとは，コンピュータのシステムやネットワークに，「通常で

はない」方法でアクセス，侵入することである。今日ハッキングはデータやシステムの改ざんや破壊などといった違法な侵入を指す言葉として定着している。ただしハッキングのもともとの考え方には，合法的な侵入も混じっていた。

　知覚は文化的だ。さまざまな人びとが行き交う都市空間は，固定的ではなく，常に多層的な視点から解釈される。コスプレイヤーらは，あらゆるモノを用いて造形するが，都市空間に対しても，彼女たちの視点を通した特殊な意味づけを行う。コスプレの遊びの場は，スケートボーダーの遊び場のように，ハッキングに対して開かれている。わたしには単なるコンクリートのかたまりにしか見えない世界が，スケートボーダーの特定の知覚をうながし，コスプレイヤーにはまた異なる知覚をうながす。網膜では同じものを知覚しているのに，認識される意味は異なる。このような「知覚の文化性」は，いかに説明可能だろうか。

コスプレイヤーの環世界

　ヤーコプ・フォン・ユクスキュル (2005) は，『生物から見た世界』において，環世界 (Umwelt) という概念を展開している。環世界とは，この世界がひとつではなく，いろいろな動物において多層的であるというアイディアだ。絶対的な唯一無二の世界として身体の外部をとらえるのではなく，それぞれの人びとの身体や知覚や考え方と関わり合ってあらわれる生活世界として外部をとらえる考え方だ。

　ユクスキュルはマダニの生活世界を例に環世界を説明する。マダニには，目と耳の機能がない。一方で，嗅覚・触覚・温度に対する感覚が優れている。マダニは長い時間低木の上で過ごす。たまたまその低木の下を哺乳類が通過したら，その哺乳類の放つ酪酸の匂いをかぎ分けて，適切なタイミングでジャンプし，吸血する。マダニ

の環世界では，酪酸の匂いがジャンプと吸血の合図となるのだ。

　酪酸の匂いは，わたしたち人間のまわりにも存在している。しかし，酪酸の匂いを感知できたからといって，たぶん，わたしたちは「ヤッホイ！」と飛び跳ねて吸血する準備をしようとはしない。同じ酪酸であっても，その役割や知覚のされ方は，マダニの環世界と，わたしたちの環世界とでは全く異なっている。わたしたちはわたしたちの知覚可能な環世界を世界とみなしている。誰も（マダニも），絶対的な世界そのものを知覚することはできないのだ。

　　自在に飛びまわる鳥も，枝から枝へ走りまわるリスも，草地で草を食むウシもみな，空間を遮断するそれぞれのシャボン玉によって永遠に取り囲まれたままなのである。
　　みずからこの事実をしっかり突きつけてみてはじめてわれわれは，われわれの世界にも一人一人を包みこんでいるシャボン玉があることを認識する。そうすると，わが隣人もみなシャボン玉に包まれているのが見えてくるだろう。それらのシャボン玉は主観的な知覚記号から作られているのだから，何の摩擦もなく接しあっている。主体から独立した空間というものはけっしてない。

　　　　　　　　　　　　（ユクスキュル・クリサート，2005，p.50）

　生物によって持てるセンサーの種類と性能は異なる。だがどんな生物にとっても世界は世界である。犬はわたしたちの可聴範囲を超えた音を聴き，ガラガラヘビはわたしたちには不可視な熱（赤外線）を見ることができる。わたしたちも他の種から見たら限定的な知覚センサーしか持たない。それでもわたしたちは知覚の限界のせいで世界に何かが欠けているようには決して思わない（有元・岡部，2013）。

　ユクスキュルの環世界の種固有性は，知覚器官の違いだけで起こるのではない。ユクスキュルは，環世界をわたしたちの社会的なコミュニティにも当てはめている。わたしたちは，同じ物理的環境にいるときでも，全く同じ環世界を知覚・認識しているわけではない。たとえば，音波研究者の環世界では単に波が存在するだけだが，音楽研究者の環世界では，単に音があるだけであるとユクスキュルは言う。情報工学者には情報工学者の環世界，ライダーにはライダーの環世界，教育者には教育者の環世界がある。同じ言葉や概念を耳にしてもそれぞれが異なる知覚をするように，腐女子には腐女子の，コスプレイヤーにはコスプレイヤーの環世界があると考えてみよう。

　ファンカルチャーのフィールドワークの面白いところは，彼女らの環世界のスクリーンを通り抜け，彼女らの環世界で一緒に遊ぶことだ。コミュニケーション，または相互行為のなかで，お互いに相手の行為を予測し合い，お互いの環世界の相違を発見し，発見に基

づいて予測を修正する。フィールド認知科学者の（もしくはわたしの）環世界から，彼女らの環世界を眺めていてもしかたない。気づいたら一緒に遊んでいて，彼女らの環世界のデザインに意図せず参与する創発的なプロセスとして，ファンカルチャーのフィールドワークをとらえてみる。環世界で繰り返し遊ぶことで，知が更新されていく。マダニと遊ぶことは難しそうだが，コスプレイヤーと遊ぶことは愉しそうだ。

大学の研究室には，コスプレイヤーの環世界で遊ぶための所属学生であり仲間がいた。ユキ，リツ，ハナさん，サキ，アイと一緒に，何をして良いかよくわからないけれども，やり方を知らないことをやってみながら，とにかくわたしは一緒に遊んでいた。ミミさんやチサトさんと，カードゲームや同人誌ネタで一緒に遊んでいたように，コスプレイヤーとの遊びが始まる。

3.2　頭ひとつ分背伸び

筑波大学東京キャンパスは，東京メトロ丸ノ内線茗荷谷駅から歩いて3分くらいという利便性もあって，状況論や活動理論を愛好する人たちが集まる研究会がしょっちゅう開催されていた。ミョウガ畑の広がる谷底だったからか，茗荷谷は地下鉄なのに地上を走る丸ノ内線を眺められる。市街地渓谷のない庄内平野から出てきたわたしにとっては面白い街だった。

茗荷谷の研究会のときは，だいたい洋食「バンビ」でハンバーグ定食を光速でかきこんでから向かっていた。ただしこの日は，研究会の開始3時間前に筑波大学に到着していた。アリモト先生と『デザインド・リアリティ』という，タイトルと謝辞だけ書き上がっていた共著書の執筆を，相互監視のもと少しでも進めるためだ。編集を担当していただいていたチアキさんからの「原稿を楽しみにしております」と達筆で書かれた年賀状を，何通いただいたかわか

らない状態になっていた。チアキさんほどパワフルな忍耐力を持った方を，他に存じ上げない。

　自動販売機に囲まれた，丸テーブルと椅子だけが簡素に設えられたフリースペースで，お互いラップトップコンピュータを広げる。本日のふたりのノマドスペースの完成だ。お互いひとりだと書けないことはよくわかっていたので，何かあるたびに相互扶助兼相互監視の状況に追い込むことにしていた。物理的にも共著だ。都内で，利用の許された壁コンセントを探し，かすかな切れ切れの野良Wi-Fi に接続する。そこから中目黒の出版社に送信されるアリモト先生の文章は，本当に美しかった。

　ノマドワークやコワーキングスペースなんていう言葉や場所がまだ一般化していない 2000 年代の，ちょっと背伸びした原稿執筆だ。これ以上締め切りを延ばすことはできなかったけれども，缶コーヒーなら手を伸ばすだけですぐに買えた。冬の東京特有の青く澄んだ空の下，暗い部屋のなかで，ベストセラーになったら牛丼店の味噌汁を豚汁にアップグレードするんだとアリモト先生が言う。ぼくらは，チアキさんと豚汁のためにたくさんのページを書いた。

一緒だとできること

　自動販売機を背景に完成した『デザインド・リアリティ』のなかの「みんなだとできること」という章で，パワフルな影響力を持つロシアの心理学者レフ・ヴィゴツキーの「発達の最近接領域[18]」の概念を説明している。この概念には，発達を語るときにはかなりの頻度でお目にかかる。ヴィゴツキーは，ひとりでもできることだけではなく，大人や仲間と一緒にやってみると意外にもできることに着目した心理学者である。「共同のなか，指導のもとでは，助けがあれば子どもはつねに自分一人でするときよりも多くの問題を，困難な問題を解くことができる」（ヴィゴツキー，2003）という。

一般的に，わたしたちは自分の能力を推し量るとき，仲間と一緒だとできることを含めない。いまの自分の皮膚の内側に閉じた能力観をもっている。しかしヴィゴツキーは，独力ではできないけど，みんなと一緒だとできることも能力ととらえた。いまはひとりではできないことでも，人びとと一緒にやってみるとできるかもしれないこと，この状態を個人の発達のすぐ近い未来だと考えて，発達の最近接領域と呼んだ。思考は状況に埋め込まれていて，その場の他者，道具，環境と分かちもたれている。よって，他者や道具によって背伸びできることもあれば，それらの制約を受けることもある。

　だからといって，学習環境をデザインする際に，学び手が独力ではできないけれども，先生や他の仲間がうまく足場をかけてあげればできるようになる課題を適切に与えて，うまく手助けすればよい，というようなスキル獲得ものの概念ではない。むしろ，先生や仲間のやり方に触れながら，自分が近い将来になるかもしれない姿や，変容の軌跡を見出すことを示した発達の概念である (Chaiklin, 2003)。Chaiklin(2003) によれば，発達の最近接領域とは，（今日一般的に理解されている，）単に「できなかったことができるようになる」という学習や教育の話というよりも，なりたい自分を見出す全人格的な発達や変容を示す概念である。ちょっと先の自分のアイデンティティ変容に触れること，アイデンティティ変容の手触り感ある軌跡を愉しむことであり，発達の最近接領域の肝はここにある。

プレイフル・ラーニング

　上田 (2020) は，ヴィゴツキーの発達の最近接領域を拡張して「憧れの最近接領域」というユニークな概念を展開している。もともと憧れている人にアプローチする場合でも，一緒に活動しているうちに他者に憧れを持つ場合でも，上田 (2009) の言う「憧れ」は，

近い将来の自分の変化や発達の先を示しているような対象を指している。

　上田 (2009) の思想の根幹をなす概念は，「プレイフル」である。プレイフルとは，物事に対してワクワクドキドキする心の状態で，「自分とその場にいる人やモノやコトを最大限に活かして，新しい価値（意味）を創り出そうとする姿勢」（上田，2020）のことである。『プレイ・マターズ』のミゲル・シカール (2019) もまた，仕事のような遊びではない文脈において，「どうせやるなら愉しんでやろう」といった，目的からずれないなかでのふざけた姿勢を「プレイフル」と表している。『プレイ・マターズ』では「プレイフル」に「遊び心」というぴったりな訳があてられている。プレイフルに外界を見つめてしまうことで，どんな状況であっても，自分とその場にいる人びとやモノを最大限に活かして，新しい意味を創り出そうとする。

　たとえば「今度こんなことがあるけど，やってみないか」と新しいことを打診されたとき，わたしたちは「Can I do it?（わたしにできるだろうか）」と考えがちだ。一方で，「How can I do it?（どうやったらわたしにできるだろうか）」と考える人は，自分ができるかどうかよりも，どうやったら実現できるのかを志向する人だという（上田，2020）。How can I do it? という認知の仕方，すなわちプレイフルな外界認知は，まさに，どうやって舞台を創造しようか，舞台の創造を通してどうやって発達しようかという，ちょっと先の未来の軌跡を見つめるまなざしそのものだ。

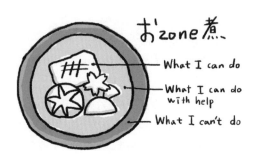

　学習とは舞台という場をつくって未来を生成することであり，テストや課題に対応することだけではない。Chaiklin(2003)，そして上田 (2020) の「発達の最近接領域」をもとにした学びの解釈もまた，アイデンティティ変容のプロセスである。単に，誰かがお膳立てしてくれた発達の「領域 (zone)」に身を投じることだけで，なんらかの学びに繋がるとは考えていない。むしろ，「自らが能動的に他者やモノやコトとかかわっていくプロセスを通して生み出される愉しさ」（上田，2020）を学びとしている[19]。

コスプレの舞台

　先の節で見てきたように，ヴィゴツキーの発達の最近接領域の概念は，それ自体が今日もさらにパワフルに発達している。

　発達の最近接領域の概念を拡張するアメリカのロイス・ホルツマンとフレド・ニューマンは，他の人と一緒に発達する環境を創造することと，その環境こそが，いまの自分ができること以上にふるまうことを支えると論じている[20]。ヴィゴツキーは「頭ひとつ分背伸び (a head taller than you are)」(Vygotsky, 1978) と記している。ホルツマンは「頭ひとつ分背伸び」を「パフォーマンス」と呼ぶ。

発達は，自分でない人物をパフォーマンスすることで，自分が
　　何者かであるかを創造する活動となる。これはソロではなく
　　アンサンブルのパフォーマンスである。ヴィゴツキーの発達の
　　最近接領域は，能力の領域ではないし，社会的足場掛けでもな
　　い。パフォーマンスの空間であり，同時にパフォーマンスが作
　　る活動でもあるのだ。

（ホルツマン，2014，p.27）

　ホルツマンの言うパフォーマンスとは，学び手のために制度的な
足場をつくって習熟を支援する仕組みとは異なる。むしろ，日常の
遊びに似ている。遊びのなかで，子どもでも大人でも，わたしたち
は，馴染みのことがらをやるのと同時に，初めてやることや，やり
方を知らないことをやってみることがある。やり方に習熟してい
なくても，遊びだとやってしまう。馴染みのやり方と，初めてやる
ことの領域に，適度な重なりがあると愉しい。そして，みんなと一
緒ならなお愉しい。ホルツマンの言う遊びとは，やり方を知らない
ことを行うことで，自分でありかつ同時に自分ではない何者かに
なる，生成的な行為を指す。ニューマンとホルツマンは，日常生活
世界を共同で創り上げる舞台とみなし，自分でありながら，頭ひと
つ分背伸びした，自分とは異なる人物になるプロセスに着目してい
る。
　コスプレイヤーたちもまた，舞台において，自分でありながら自
分ではないキャラクターをパフォーマンスする「日常生活の行為演
技者」である。さらには，観客としての他者がいて，また同時に自
分自身も観客のひとりとなる（ホルツマン，2014）。こうしてコス
プレイヤーは，即興的に世界を創造する。
　コスプレイヤーは，自分の身体および認知を通して，自分ではな
いキャラクターで仲間とともに遊ぶ。イベント会場やスタジオにお

いて，コスプレイヤーたちは，自分でありながら，同時にキャラクターを想像して演じる。あらゆる場所をアニメやマンガのシーンと見立てて振る舞うイマジネーションとともに舞台を創り出していく。遊びの要素に力点をおくパフォーマンス心理学は，コミュニティのなかで一人前のメンバーになっていく，という参加を通した学習に「生成」を上書きする。既存のものを何か新しいものに創りなおす能力を発達，学習とみなす，より直接的な生産活動としての学習観，発達観に根ざしている（詳しくは，太田 2019）。仲間であり観客でもある他者とわたしがいて，一緒に即興で舞台を創る遊びを通して，わたしだけでもなく，相手だけでもなく，場（舞台）全体が発達していく。遊びとは舞台の創造であり，舞台の創造とは発達そのものだ。

　わたしたちが住まう世界のシステムは頑健で，たったひとりで飼いならそうとするにはあまりに入り組んでいるように見える。一方で，腐女子やコスプレの舞台を生成する遊びは，遊びの担い手本人がそのシステムの手綱を引く。彼女らは，遊びに向かう興味や欲求を外部委託する必要もなければ，将来のために，生産性のために舞台で遊ぶわけでもない。

解釈と模倣

　ホルツマンとニューマンに沿えば，コスプレイヤーとは，たとえば大学生だったり，たとえば 20 代だったり，たとえば日本国籍だったりと，なんらかの今の自分でありながら，同時に，今の自分を超えて好きなキャラクターの振る舞いになる舞台を創造し，発達する存在とみなすことができる。

　インタビューにおいて，コスプレをする理由や，なぜコスプレが好きなのかと問うてみる。今思えば，千利休に「なんでお茶を飲むのですか？」と問うようなやりとりだ。多くのコスプレイヤーが

「キャラへの愛情表現」と答えてくれた。アニメやマンガの特定の
キャラクターに心打たれてしまい，そのキャラクターの登場する作
品を繰り返し何度も視聴し，キャラクターに関する表情，性格，履
歴，癖，関係性…いろいろな情報をかき集めて想いを馳せ，ついに
そのキャラクターのコスプレをすることで愛情を表現する。自分な
りのキャラクター理解を内化し，その理解の統一体を自分の心身に
投射して行われる複雑な愛情表現のプロセスは，単なるキャラク
ターのコピーとは異なる。

ヴィゴツキーは，模倣の役割を再評価しなければならないとし，
単なるコピーとしての模倣ではなく，模倣が含む能動的で創造的，
社会的な側面を強調している。ヴィゴツキーの模倣に関するアイディ
ィアから，ホルツマン (2014) は次のように述べる。

> 彼にとって，模倣は能動的で創造的で基本的に社会的プロセス
> であり，zpd（発達の最近接領域）を作る上で本質的なのだ。
> 子どもは，オウムのように何でもかんでも模倣しはしない。
> むしろ環境／関係の中にある，彼らを超えたものを模倣する。
> ……日常生活の相互作用のなかで他者を創造的に模倣すること
> は——たとえば，他の人がいうことを真似したり，音楽に合わ
> せて動いたり，鉛筆をとって「書いたり」は——話者，ダンサ
> ー，作家，学習者，そして人間としてパフォーマンスすること
> であり，他者につながれているものとして自己に関わることな
> のだ。
>
> （ホルツマン，2014, p.45）

ゼミに所属していたコスプレイヤーのユキから，『クロノ・トリ
ガー』の主人公，クロノに扮した渾身のコスプレ写真を見せてもら
う。ユキでありクロノでもある表情や姿勢からは，『クロノ・トリ

ガー』に埋め込まれた情景や質感をいかに丁寧にユキが読み取ったのかが伝わってくる。二次元で表現されるクロノの小さな所作の数々に対して，コスプレイヤーのユキによって動的な表現が与えられていく。

　しかし，ユキは，クロノの表象をただひたすら複製しているわけではない。ユキのコスプレ写真は，原作にあるキャラクターの特質のいくつかが省略されていて，いくつかが付け加えられた「オリジナルなきコピー」だ。ユキは，機械的にクロノの特質を変換したり足したりしているだけではない。クロノに手を加えることは，クロノの動きのユキなりの読みの解釈のあらわれである。模倣は能動的で創造的だ。

　ユキは，どこかにある見本をもとにした，獲得的で伝達的なやり方でクロノを表現するわけではない。ユキがクロノを表現し始めるとき，一緒に撮影している他のコスプレイヤーや，撮影を担当するカメコといった人びととともに，クロノの表現の「正解」を求めずにポーズをとる。ユキとともにいるコスプレイヤーたちもまた，ユキがクロノであるかのように表情や姿勢にコメントする。他のコスプレイヤーたちもまた，ユキがクロノを表現することを可能にしている。クロノに抱くイメージと遊びながら，他者も招き入れることで，ユキはクロノへの愛情を表現し生成する。模倣は社会的だ。

　表情と姿勢を緻密に翻訳し模倣するときに重要なのは，キャラクターの動きをどれだけ漏れなく再現できるかではなく，自分なりに翻訳したキャラクターの行為を，キャラクターの履歴に照らし，実際に行われそうなこととして表現できるかどうかである。自分でありながら，自分ではないものになってみるというとき，コスプレイヤーの「なってみる」プロセスは，大量生産によるコピー商品の排出では決してない。むしろ，「なってみる」ことによるコスプレイヤーの愛情表現の数だけ育まれる，多品種限定生産といえる。大量

生産・大量消費社会に対するアンチテーゼのような模倣様式だ。コスプレイヤーにとって，どこにでもあるような，量産型のコスプレによるキャラクター理解と愛情表現では物足りない。コスプレイヤーの愛情表現とは，自身の解釈を心身に照射しては省察するプロセスである。そして，愛情表現を通したキャラクターの模倣とは，生成的な舞台を創り上げる運動である。

線型的な時間から円環的な時間へ

　何が良い表現なのかを一緒に創り上げていこうとすることが，「頭ひとつ分背伸び」した模倣である。「頭ひとつ分背伸び」は，ゴールがあらかじめ想定された模倣のための道具ではない。あるひとりの人が「頭ひとつ分背伸び」できるよう，ちょっと有能な他者を最適なタイミングで適切に配置することで，うまくやれるように手助けする「ための」便利なテクニックととらえると，せっかくの議論が台無しになる。

　コスプレの「なってみる」実践において，ゴールや実現（解決）の方法は，霞みがかった先にぼんやり見えている程度だ。「良さそう」なポーズや，「良さそう」なコスチュームを創り，知り合いのコスプレイヤーとイベントなどに行き写真を撮る。撮影した写真をアップすることで，見知らぬ誰かから辛辣なコメントがつくかもしれないし，SNS で「尊い」と称されて「バズる」かもしれない。ほどよく「いいね」がついて，いつもと同じ充実感を得ることが多いだろう。ささやかなできごとだけれども，あるコスプレイヤーが能動的，創造的，社会的にキャラクターを模倣することで，コスプレ・ネットワークに何かが起きる。

　腐女子やコスプレイヤーに嫉妬を覚えるのは，目指す先，ゴールがあらかじめ設定されないまま，まずは創ってみたり，まずはポーズをとったりすることが始まるところである。何になるのかはわか

らないことを，わからないままやる。行為することが「何をもたらすのか」を問題にする前に動いている。特定のゴールのためにスキルが適用されているわけではない。ゴールは，やっているなかで生成されていく。結果として大きな成長や変化を感じられなくとも，円環的な時間で愉しんでいる。コスプレにはまっている人たちは，将来の自分に投資する生真面目さをほどよく手放す。

　あらかじめ設定されたゴールに向かう線型的な学び方や実践の仕方に「過剰適応」してしまうと，コスプレイヤーの創造的で社会的な模倣は，とても不思議で効率の悪い実践に見えるかもしれない。わたしたちにとって（そして腐女子やコスプレイヤーにとっても）当たり前の線型的な現実から，遊びを介した円環的な現実へのジャンプは，意外と大変だ。テーマパークに代表される，商業的，産業主義的な背景のもと「設えられた」遊びに没入することは比較的容易かもしれない。テーマパークで安逸を経済的に消費するやり方とは異なる仕方で，線型的な現実から脱して円環的な現実を愉しむ。経済合理性に条件づけられることのない「ホモ・ルーデンス[21]」の姿である。

　腐女子が二次創作を愉しんだり，コスプレイヤーが愛好するキャラクターになりきったりすることは，現実社会から距離をとるための活動とみなされることもあった。しかしレイブらの正統的周辺参加の視座から見れば，腐女子やコスプレイヤーのこのひそやかな遊びは，単なる待避所での活動を超えた，全人格的な変容を伴う学びの機会となる。

　原作を読み込んで自ら同人誌を創ること，またはキャラクターを模倣し衣装をまといポーズをとること，これらは作品の再解釈からなる匿名の批評的な遊びともとることができる。作品やキャラクターの解釈と模倣という表現活動には，（自覚的なものもあれば無自覚的なものもあるだろうが）批評が含まれている。批評的な活動

は，鑑賞学習などでも重視される。そのようにみなせば，彼女らの批評的な遊びは，わかりやすく学びの側面を含む。さらに，腐女子とコスプレイヤーに見る批評的な遊びには，彼女らのネットワークにおける絶えざる意味の交渉と再交渉を伴う。彼女らは，何が自身にとって価値あるものなのかを自ら見定めていくことで，自分の目の前の生活を満たす。ときに，納得のいかない解釈のありようや，気に入らない表現にもどかしく思うこともあるだろう。このような批評を通した賛同やモヤモヤを含めて，全人格的な変容を伴う学習の機会となる。自身の生活を満たそうとする腐女子とコスプレイヤーのひそやかな遊びは，全人格的な変容としての学びと不可分である。

---

18) 原文の「Зона ближайшего развития」をロシア語の文法に忠実に訳すと，「最近接発達の領域」が適切であることを百合草禎二先生主催の研究会で教えてもらった。Зона（ゾーナ）が領域，ближайшего（ブリジャイシェボ）が最も近接した，развития（パスナーチェ）が発達だ。ゾーナ・ブリジャイシェボ・パスナーチェ。T シャツにプリントしたい言葉だ。

19) 上田 (2020) 理論のユニークな点は，能動的な関わりとしての学びをモデル化するところにもある。上田 (2020) によれば，インストラクション（学習指導）を通した知識獲得は Learning 1.0 である。「ワークショップと学び」（上田・中原，2012）において見られる，モノづくりやアイディアを創出していくための創造的で共同的な学びは Learning 2.0 と呼ばれる。さらに Learning 3.0 は，誰かに喜んでもらおうと精一杯準備をし，何らかの舞台で夢中になって行うパフォーマンスを通した学びとされる（上田，2020）。そして，Learning 1.0 から 3.0 までをうまく編み上げながら，創造的な活動を活性化させるための「エンジン」として，与えられた課題を自分の課題として再設定する Projects，自分ごととしての課題に向かうためにわきあがる Passion，情熱を一層燃え上がらせる，共感してくれる Peers，誰かと一緒にリスクをとりながら何回もやりなおすことで生まれる Play の「4 つの P」が提唱されている (Resnick, 2019)。

20) 伊藤・川俣はニューマン & ホルツマン (2020)『革命のヴィゴツキー　もうひとつの「発達の最近接領域」理論』の訳者あとがきにおいて，次のように述べている。「ニューマンとホルツマン……目的は，……「ヴィゴツキーが本当に言いたかったこと」を示すことにあったのではない。ヴィゴツキーは，言葉の意味は発達すると述べた。とすると，ヴィゴツキーが遺した言葉もまた，人類という規模において，発達するはずである。ニューマンたちが本書で示したかったのは，ヴィゴツキーの言葉の，1960 年代以降のアメリカという条件の中で発達した姿だった。その生きていた時代や社会を条件としてヴィゴツキーがそこにあるものを使用して作り出したアイディアを，ニューマンたちは本書の執筆やコミュニティ形成といった諸実践を通して「完成する (complete)」ことを目指していたのだと思われる」。

21) 文化現象としての遊びの本質を説いたヨハン・ホイジンガの『ホモ・ルーデンス』は，遊びは遊び以外の何ものかの「ために」行われる，生物学的目的に役立っているという視点を批判する。そして，「現実をいきいきと活動している生の各種の形式に置き換え，その置換作用によって，現実の形象化を行い，現実のイメージを生み出す」ことを，遊びの基礎とする。ホイジンガは遊びの形式的特徴として，次の 6 つを挙げている。(1) すべての遊びは，1 つの自由な行動である（いつでも延期，中止でき，道徳的義務もない）。(2) 遊びは「日常の」「本来の」生ではない（日常生活から，一時的な活動の領域へと踏み出してゆくもの）。(3) 遊びは物質的利害関係とむすびつかず，必要や欲望の直接的満足という過程の外にある。(4) 遊びは規定された時間という限定性があり，すぐまた繰り返してもよいし，長いあいだをおいたあとで反復されてもよい（反復の可能性は遊びの最も本質的な特徴のひとつ）。(5) 遊びには空間的な制限がある。いかなる遊びも，前もって区画された遊びの空間，場で行われる。(6) 遊びにおいて，緊張の要素が特に重要な役割を演じている。緊張とは，不確実ということ，やってみないと分からない，ということである。

弥縫と創造
——はまっている人たちの巧みさ

第4章

4.1　なんとか取り繕う

「やばい，絶対に間に合わない」

「なんでやるって言ったんだろう，つらっ」

　コスプレイヤーのユキが，ハンバーガーを頬張りながら呪詛のような言葉をぼやく。余裕をもって衣装を製作しなかった自分への憤りのように聞こえるが，慣れてくると，単に「こんにちは」や「ひさしぶりです」に代わる，インタビュー開始時のいつもの挨拶のようでもある。ユキが大学を卒業したのちは，たいていユキの家から近いモスバーガーでインタビューという名の会合が開催された。ユキに，衣装製作の休憩がてら，または仕事帰りに夜ご飯を食べてもらいながら最近の様子を教えてもらう習わしができあがっていた。

　この日は年末だった。とはいえ年末を感じさせない，いつものテリヤキチキンバーガーを食べながら，いつものようにコスプレイベントの衣装製作について話を聞いていた。ユキによる「プロではなく，とはいえ素人でもない，アマチュアのなせる衣装製作」に興味を覚えたからだ。

　12月のコスプレイヤーには，師走という言葉がぴったりだ。年末なのでコミックマーケット（コミケ）も迫っており，ユキはコミケと同時期に開催される「となコス」のコスプレ準備に忙しいようだった。となコスの「とな」は「となり」の略で，コミケが開催さ

れる東京ビッグサイトのお隣にある，東京ファッションタウンビル（TFT ビル）で開催されるコスプレイベントである。隣のコスプレで，となコスなのだ。

　12 月のユキは毎年コスプレに追われて忙しそうであり，一方で，コスプレに忙殺されぬよう戦う，ロールプレイングゲームの戦士キャラのように勇ましくもあった。テリヤキチキンバーガー片手にスマホで見せてくれたコスチューム写真が，たまたま『ドラゴンクエスト』のキャラクターだったからそう思えたのかもしれない。

弥縫（びほう）

　ユキの好きなキャラクターの服は，フィールドワークをしているわたしが見ても，創るのが明らかに大変で，面倒くさそうだった。用意しなければならない布の種類が多そうだし，モンスターと戦うから上から下まで包まれていた。すなわち，「布面積が大きい」キャラクターなのだ。

　ユキのスマートフォンの写真フォルダには，コスプレ対象のキャラクターの画像から，購入した布の画像，製作途中のコスチュームの様子が保存されていた。特に，インタビューのためにユキが気を利かせて時々製作状況を撮影，保存してくれていたわけではない。「合わせ／併せ」（あわせ）で一緒に撮影をする他のコスプレ仲間と，お互いの進捗状況を LINE などで見せ合ったり，ちょっとうまくできた場合にソーシャルメディアに投稿したりするために撮影されたものだった。合わせ／併せとは，コスプレイベントで同じ作品の登場人物の格好で集まることを指す。

　勇敢な戦士キャラのユキのこの日の話題は，布の端処理だった。ミシンにはジグザグ縫いの機能がついている。ジグザグ縫いで布の端っこを縫っていくことで，布のほつれを防止することができる。
「ジグザグ縫いをしてから，撮影の時にほつれたことがないから」

と，戦士のユキは勇ましく話す。

「ジグザグ縫いは，コスプレイヤーの基本なの？」

「わかんないです，わたしも，誰かに教えてもらったのか，どっかで見つけたのか」

　戦士キャラのための布面積の大きい衣装を作っているときに，布の端処理をすることは確かに面倒くさそうだ。

「いつもジグザグ縫いをするようにしてるんですけど……」

　戦士ユキのトーンがちょっと下がる。

「本当に自分がやっていることが，これが，正しいやり方なのかはわからないけど，ただ，撮影の時にほつれたことがないからいつもジグザグ縫いをするようにしてる」

「ほつれを防止するためのジグザグ縫い」は，それまでのコスプレ経験において知り得た情報だと言う。その情報源がコスプレ仲間であったのか，はたまたソーシャルメディア経由で知り得たのかは記憶にないようだった。縫い方が「正しいのかどうか，よくわからないけどやっている」ということを面白がられていること，このことをユキは瞬時に察知した。戦士キャラから僧侶キャラへと「転職」して，MP（魔力）が上がったのかもしれない。そして，いろいろと他の事例をスマートフォンの写真越しに話してくれる。

　たとえば，オーガンジーという，紙のように薄く，それでいて張りのある半透明の布がある。プレゼントのラッピングなどで目にする生地だ。この布は透け感のあるストールや，ベールをまとうキャラクターのコスプレをするときなどに重宝するらしい。ただし，あまりに薄い生地なので，ほつれやすく端処理も困難だと言う。どうやって端処理をすべきか悩んだ僧侶ユキは，「これでいいのかわからないけど，端っこを熱して端処理している」と語る。

　弥縫（びほう）だ。

ユキが行っている衣装製作の特徴は，とにかくイベント本番に間に合うように，なんとか取り繕ってでも創り上げることにある。弥縫とは，辞書的には「一時のがれにとりつくろって間に合わせること」という意味を持つ言葉だ。「弥縫策としてのこども保険」とか，「弥縫策では追いつけない日本の教育」だとか，政策を批判的にとらえるときなどに目にする。

　ユキだけではない。他のコスプレイヤーも弥縫としての製作を行っている。辞書的な意味や，政策批判で使われる弥縫を見ると，あまりいい印象を与えない言葉かもしれない。一方で，ユキをはじめコスプレイヤーたちが語る取り繕いの方略は，どこか得意げにも聞こえる。面倒な縫製をしなければならないとき，なんとかうまいこと手立てを考え，必ずイベント本番に間に合わせ，できるだけ見栄えよく撮影する。はまっている人びとの巧みさは，換算可能な価値とは異なる体系のもとにある。この一連の弥縫を語る姿は，攻めの姿勢を保つ戦士と，諦観も悪しとしない僧侶が融合したようだ。

アフターで弥縫（ビホウ）を語る

「裁縫，うまくやれるようになりたいとは思っているの？」

　となコスのアフターで，ジョナサンのドリンクバーで作ったミルクティを飲みながら聞いてみる。

「できることならうまく作れるようになりたいけど，ちゃんと学ぶ時間もエネルギーもないから」

　ユキは，教科書的に縫製の正しいスキルを身につけることよりも，月に3回から4回，ほぼ毎週末行っているコスプレの衣装を一着でも作り上げることを重要視しているようだ。

「できることならうまく作れるようになりたい」，「ちゃんと学ぶ時間」という考え方は，今日の経済合理性に沿った生活様式を反映している。イヴァン・イリイチにならえば，わたしたちはついつい，

自分の知識やスキルと教育サービスとを結びつけてしまう。何ものかを学ぶことを消費対象としてみなしてしまいがちだ。かつては家の中に当たり前にあった縫製は，いまや，学ぶべき商品として家から市場に飛び出している[22]。その縫製を家の中に「取り戻した」ように見えるユキですら，「ちゃんと学ぶ時間」というサービスとしての学習がつい口をつく。

　さて，修羅場が日常のユキは，イベントまでにコスチュームを仕上げるために，今日も弥縫を繰り返す。知識や技術の習得を重ねて，できなかったことができるようになることを学習というならば，ユキは常に目に見える学習を目指す存在とは異なる。学習や熟達を意図的に拒否しているわけではないし，むしろそれを望んでいる。しかし，知識や技能を習得しつつ，曖昧な知識や技能を曖昧なままにしていることに否定的でもない。

　サービスとしての学習の物語に肩までゆっくり浸かっていると，勉強でも仕事でも趣味でも，技術の向上や新しい知識の獲得に目がいきそうだ。ゴールに向かう，直線的な時間だ。直線的な時間においては，「足りないこと」や「欠けていること」もハイライトされ，技術向上や知識獲得に目がいくよう環境が設計されている。一方で，ユキの縫製は「足るを知る」という発想に近い。弥縫であろうが，優れた縫製の技法を発揮できようが，コスプレの撮影会に参加できることを歓びとする。あらかじめ設定された技術や知識のゴールに帰結するための実践ではない。

　もちろん，コスプレイヤーも技術は向上する。ユキと小学校からずっと友達であるリツは，コスプレはある程度のところまで割と簡単に到達する，と言っていた。ある程度のところまで行き着くと，コスプレの衣装製作では，必ずしも技術の向上や新しい知識の獲得といった意味での学習や発達の可視化が主たる目的とはならない。さらには，「弥縫であるがゆえに失敗だ」ということにしない巧み

な学習環境デザインだともいえる。縫製の活動を繰り返しつつ，同程度のクオリティで常に生成し続けることもまた，学習や発達としてとらえ直すことができるだろう。コスプレは，品質管理や効率を排除する遊びのようだ。サービスとしての学習に慣れると，明確なゴールのない遊びのコンテクストに身を投じるのは意外と大変だ。

　ユキが精通しているのは，手法のはっきりとした縫製の知識というよりも，代替手段となる知識を導くために試行錯誤する態度である。どうやるのが正解かわからないからこそ，考えて何とか弥縫する技法が求められる。「ちゃんと学ぶ時間もエネルギーもない」と言うユキの弥縫は，技能向上や知識獲得としての学習観から見ると，段取りや効率が悪く見える。サービスとしての学習に過剰適応した人たちからすると，理解不能かもしれない。その一方で，弥縫で何とかこなすことが，ユキの「愛好精神と抑えがたい興味[23]」を維持しているようにも見える。

　コスプレの衣装製作では，とにかく時間をたくさん消費する。縫製を「ちゃんと学ぶ」ことは，将来の生産性と結びつくことが期待される，右肩上がりの直線的な時間を想像させる。一方でユキは，続けているのに，成長しない。成長しないから，続けられる。ユキの衣装製作の時間は，将来の生産性をイメージさせるものというよりも，円環的なものである。

ウジャンジャ

　ユキたちが生きている世界でも，ユキたちを含むわたしたちが慣れ親しんでいる世界でも，おそらく，うまくなること，熟達することはとても愉しいことである。最初はたどたどしく心許ない動きしかできなかったことも，やっているうちに愉しくなってはまってしまい，徐々に慣れていく。世界に視界がひらけた気持ちにもなる。一方で，止まない小雨のように成長や熟達を求められたり，それらを外側から強制されたりする産業主義的で未来志向の活動ばかりが押し寄せてくると，成長や熟達の物語を自明視することを疑ってかかってみたくなる。

　成長することや熟達することは面白いことだ。否定するところはない。けれども，実は，成長や変化を疑いなく良きこととみなすわたしたちは，特殊な社会の特殊な人たちなのかもしれない。生産的な仕事に就くために，教育や学習を消費材としてみなしかねない。『「その日暮らし」の人類学―もう一つの資本主義経済』（小川，2016）や『都市を生きぬくための狡知―タンザニアの零細商人マチンガの民族誌』（小川，2011）は，この世界に存在するわたしたちとは異なる生き方とそれを支える知恵や仕組みを通して，わたしたちが自明視している世界が，実は偏っているかもしれないことを示してくれる。

　　わたしたちは，近代的な時間の観念と資本主義経済システムとともに進展する，成果追求主義の世界やそれに寄与することを目的とする情報社会によって，〈今ここ〉の喜びを犠牲にし，〈いつかどこか〉という超越的な場所で時間を消費し生きるよう強制されている。……しかし，わたしたちが当たり前に感じる直線的で均質的な時間は，多くの研究が指摘するように，特定の場所と時間によって成立したもので，資本主義経済システ

ムに組み込まれた主流派社会から逸脱したり，あるいはそれに
よって周縁化されている世界では，Living for Today がむしろ
一般的である。

（小川，2016，pp.23-24）

　小川 (2011) は，不可逆的に浸透するグローバル資本主義システ
ムの末端において，零細企業家のマチンガ（marching guym，行
商人）が織りなしている独自の商世界を明らかにしている。マチン
ガの商慣行のしくみと論理，共同性，連携構築のあり方，マチンガ
の商実践を通じて路上の社会経済活動を明らかにした大著だ。

　小川 (2011) は，アフリカのタンザニアでは日常的に見られる，
諸外国から買い付けられた古着の売買を担うマチンガに長い期間
密着し，さらには自らもマチンガとして古着を売って生活する研究
方法をとる。先進諸国の古着のうち，リサイクルされなかったもの
が海外に輸出され，1 つ 3,100 円から 17,000 円程度からなる 50 kg
の梱（こり）単位の古着のかたまりとなる。

　さらに小川 (2011) を見ていこう。マチンガには 2 つのカテゴリ
がある。梱を仕入れる中間卸売のマチンガと，中間卸売のマチンガ
から古着を仕入れ，消費者に売りさばく小売商のマチンガである。
小売商のマチンガは，末端で 4000 人以上（すべてアフリカ系）存
在していたという。小売のマチンガは後払いで仕入れて，ほとんど
資本を必要とせずに商売できる。小売と消費者の間にも口約束，後
払いの正式な契約を結ばずに行う信用取引が多く見られ，マリ・カ
ウリ取引と呼ばれている。mali が商品・財の意味で，kauli が口約
束の意味である。マリ・カウリ取引にも利点は多いが，たとえば梱
の中身を詳細に確認せずに買ったりするなど，ギャンブル性もあ
る。

　引き続き小川 (2011) を見ていこう。タンザニアの都市経済は，

不確実性が突出している。「瀬戸際が日常」であるような日々を，マチンガはどのように生き抜いているのか。こうした「その日暮らし」なタンザニアの古着売買で重要視される知が，ウジャンジャと呼ばれる，なんとかその場をうまく切り抜ける，その場限りの知である。ウジャンジャとは，狡猾さ，賢さ，狡知（ストリートのずる賢い機知，策略的な実践）である。混沌とした不確実な経済社会においては，ウジャンジャが取引における重要な実践知とみなされる。

　従来，マチンガの突発的で脱文脈的な知は否定的に描かれてきた。しかし小川 (2016) によれば，合理的にできていないように見え，瀬戸際が日常で未来も予測不可能な社会においては，狡知もまた豊かな知として描き直される。

4.2　アマチュアだからなせる技

「専門学校にいけばうまくなったりするんだろうけど，いまはその時間がもったいない」

　こう答えるユキは，余裕をもって丁寧に衣装を製作することを自分に期待しつつ，弥縫も常とし，成長や熟達を過度に求めずに今日もコスプレ・イベントに向かう[24]。修羅場が日常の日本のコスプレイヤーの弥縫を，状況や場に応じた戦術的な実践，または切り抜けるための知とみなすことは可能だろうか。

　タンザニアのマチンガたちのウジャンジャから，ストリートのずる賢い狡知が意味をなす経済世界を描き出す小川 (2011) のアプローチにならって，日本のコスプレイヤーの弥縫と，なんとか取り繕う知や工夫から，コスプレイヤーの生きる世界を見てみよう。

　たとえばユキの場合，服飾の専門技能は学校の家庭科の授業で習得したものが多い。ユキは，学校や家庭で習得した縫製にかかわる知識・技能とともに，自宅の自室でミシンを利用して裁縫を行う。他の家族と共用のリビングルームなどでミシンをガタガタ動かすこ

とは少ない。

　ユキは大学を卒業したあと，都内の実家に家族と同居し，週5日勤務していた。コスプレを始めたのは高校3年生の頃で，コスプレを始めてから数年の間は，1ヶ月に1つのキャラクターの衣装を製作していた。その後，コスプレを始めて6年目を過ぎた頃からコスプレ仲間との撮影会の予定が増えた[25]。7年目になると，いろんな人からのお誘いがあって，1ヶ月に2～3着のコスチュームを並行して製作するようになった。仕事ではないものの，修羅場が日常という言葉が当てはまる。ユキは，コスプレ・ネットワークのなかの，複数の小さなネットワークに同時に所属している。大きな視点で見れば，ユキはコスプレ・ネットワークのなかで，周辺的参加の状態からちょっとずつ経験をつんで十全的参加者になっていったと見ることができる。ただし細かく，さらに小さな複数のコスプレ・ネットワークをユキが行き来する様子を見ると，知の生成のされ方も少しつかめてくるかもしれない。

ノービスとエキスパート

　ユキは，RPGのキャラクターのコスプレ撮影に臨んだ翌週，男性サッカーチームを描いた漫画のコスプレに向かう[26]。ある作品やキャラクターのコスプレに力を注ぐことで，そのコスプレ・メンバーにおける「十全的参加」（レイブ ＆ ウェンガー，1993）に向かっていく。しかし，また別の作品やキャラクターのコスプレをやりたくなったり，お誘いがかかったりしたら，そこでまた初学者（novice）となる。経験の長いコスプレイヤーほど，作品やキャラクターを中心に他者とつながることが多い。しばらく同じメンバーでコスプレを愉しんだあとに，別のつながりに移動することは珍しくない。ユキは，常にこの揺れ動きのなかにいる。

　こうしてユキは，あるコスプレイヤーたちとの集まりに十全的に

参加したのちに，別のコスプレイヤーたちとの集まりにおいて，周辺的に参加する可能性を持つ。新人や古参者とは，今その人が所属しているネットワークとの関係で使われる言葉である。今所属しているネットワークから移動することで，新人や古参者というあらわれは変化する。ユキもまた，「変わりつづける参加の位置」（レイブ＆ ウェンガー，1993）のなかにある。初学者と熟達者の区別は意外にもろい。いろいろな集まりの撮影会を軽やかに移動することが特に珍しくないということは，ユキがある意味アマチュアのままコスプレを継続できるような仕組みのようにも見える。

　また，コスプレイヤーは，コスプレ・コミュニティだけに所属しているわけではない。コスプレをしながら，いろいろな仕事，学業に従事している。コスプレイヤーは，コスプレのメンバーシップを持ちながら，それ以外の，複数のメンバーシップも持つ。ユキがサッカーチームを描いた漫画のコスプレをした際，そのつながりのなかにデザインの仕事を本職とするコスプレイヤーがいたそうだ。コスプレイヤーでありデザイナーである人の手により，グラウンド利用料を支払って行われた撮影会の写真は，まるで実在するサポーターブックのような装丁でまとめられた。デザイナーにとっては当たり前かもしれない技術に光があたり，コスプレグループの表現が変化した。集団での遊びにおいては，同じグループであってもそれぞれが目的を持つ。はたから見ると単なる遊びにしか見えないし，それで全く問題ないが，実際は，複数の目的や利害，複数の目的と意図のバランスをとる営みである。

　コスプレのような遊びに限らず，わたしたちは，複数のメンバーシップを同時に持ちながら文脈を横断する「多重成員性」（Wenger, 1998）を通して現実を知覚，認識する。デザイナーとして経験をながらく積んでいるものの，遊びとしてのコスプレでは経験が浅いということもあるだろう。コミュニティ間の移動を通して社会的な状

況が変われば，周辺的参加の構図が変化することがあるのだ。こういった知のあり方は，個体の能力や個人の特性に焦点を当てていると見えにくいかもしれない。

　コスプレイヤーのコミュニティの移動という視点から見ると，（プロフェッショナルであることはもちろんのこと，）アマチュアであることにも価値がありそうだ。ユキたちコスプレ仲間は，アマチュアであっても主体的に冊子づくりに参加している。単にプロの業者に丸投げして依頼するだけではなく，コスプレイヤーひとりひとりが共愉的に知恵を出し合う。コンヴィヴィアルな活動を組織する。職能的なデザインを手がけるユキのコスプレ仲間は，「市井のデザイナー」としてユキたちの遊びに巻き込まれていったようにも見える。

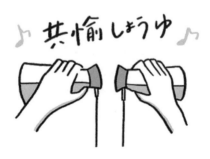

最高速度と最適速度

　過去と現在を基盤にして，未来に向かって進んでいく。このこと自体に，全く異論はない。おそらくユキも異論はないだろう。一方で，わたしたちは，すべてのことが何かを得るために，または成長するためになされるわけではないことも理解している。ユキの縫製も，うまくなったり成長したりしつつ，時にぐるぐると同じところをまわる。コスプレイヤーのユキたちは，成長する社会にも生きているけれども，円環的な時間にも生きている。彼女らにとって「最高速度が，常に最適速度であるとは限らない」（山本，1990）。共愉的な生活は，直線的な時間のアレンジメントのなかだけでは生成されにくい。

　ユキは毎回なんとかして撮影会に臨み，その日を愉しみ，今ある状況の濃度を高める。ユキは毎週のコスプレ・イベントのために衣装を徹夜でつくるが，それは，裁縫や衣装製作がうまくなるためではなかった。できるだけ安価で見栄え良くすることを目指しつつ，時折，弥縫を繰り返す。コスチュームの質を高めるべく，縫製手段の段階的な習得を強く望むわけでもない。

　実際のところ，わたしたちが生きているとき，すべてのことが何かを得るためになされるわけではない。むしろ，活動を成長や学びに結びつけようとすることで，継続が阻害されることもある。コスプレイヤーの弥縫は，未来優位で発展主義的な社会のなかに見出された，変わらない世界で遊ぶための知のあらわれなのかもしれない。

4.3　家の中の認知科学

　時に弥縫を含むユキの製作方略は，あらかじめプランされて決まっていたわけではない。むしろ，生活のさまざまな時間の流れのなかに埋め込まれて，状況的にあらわれる。衣装を製作するユキの自

室の状況を観察させてもらうと，家族とのインタラクションや，好きなアニメ作品のブルーレイの視聴とともに縫製の時間が進行することがわかる。家の中における調理場面をエスノメソドロジーの観点から分析する Crabtree et al.(2016) においても，調理という行為が，いかに日常の他の家事や家の中の諸要素と編み合わされながら実現していくものであるかが示されている。

　日常生活世界を対象とする認知科学においては，通常観察者が入り込みにくそうな場面も分析データとなる。たとえば，「越境する認知科学」シリーズの著者のひとりである伊藤 (2015，2020) は，日曜日の午前中のような，なんでもない家の中のコミュニケーションを調査対象としている。そのために，調査対象者にビデオカメラと三脚を預けて，リビングルームに家族全員がそろって自由に活動する場面を，1 回につき 60 分，週 1〜2 回の頻度で撮影してもらうという観察方法がとられている。撮影する日や時間帯，どんな活動が行われるかは指定せずに，家族の都合のよいときに撮影してもらうという方法だ。観察者の視点ではなく，観察の対象となる人が設置したカメラの映像越しに家族を観ることになる。

マルコヴィッチの穴

　映画『マルコヴィッチの穴』を彷彿とさせる。『マルコヴィッチの穴』では，主人公が有名な俳優ジョン・マルコヴィッチの「頭の中」に 15 分間だけ入って，マルコヴィッチの「目」を通して外を知覚できる「穴」を見つける。他者の目を通して世界を見るということの面白さをコミカルかつシリアスに教えてくれる映画だ。

　調査対象者が撮影した映像をもとにするマルコヴィッチスタイルは，面白い現象を見出す。伊藤 (2015) は，4 歳と 2 歳のお子さんのいる 4 人家族の家庭の映像を分析している。お父さんからお母さんに「扶養手当が廃止になる会社」について話しかけたとき，

棒状のものを手に持ってリビングルームを歩き回っていた4歳の子どもが「んあ」と，お父さんの発話に反応してしまった。小さな子どもが，なんでもかんでも親の会話に入ってくることはよくありそうだ。このときお父さんは視線をお母さんのほうに向けて，もう一度扶養手当について話す。たったこれだけの日曜日のやりとりなのだけれども，この1ヶ月後，4歳の子どもは，その場にいながら「適切に関与しない」振る舞いをとっていた。傍参与と呼ばれる参加のあり方だ。わたしたちは，たとえば電車の中で，隣の人たちの会話が耳に入ってきても，その会話には交わらずにその場にいることができる。「不関与の規範」のもと，適切に傍参与する。伊藤(2015) では，発達的な過程としての参加のあり方が見事に示されている。幼児が大人どうしの会話から撤退するために必要なスキルを習得することは，認知的・社会的に発達を遂げた姿として理解できるのだ。日曜の朝のリビングルームという，一見何事も起きていないように見えるフィールドから，発達の現象が見出されていく。

弥縫を含むコスプレの小さな創造性もまた，イベント会場のようなハレの場だけで観察されるわけではない。ケの自室のなかでも起きている。ビデオカメラのオンオフや映像データの削除はユキにおまかせし，多大な協力を得て，『マルコヴィッチの穴』スタイルを用いたデータ収集が始まる。

家の中の時間

　結果，フィールドワーカーの手元には，25時間49分のデータが集まった……。ユキは，6週間ビデオカメラで撮影してくれて，25時間49分かけて合計5つのキャラクターの衣装を製作したようだ。ユキはこんなにも衣装製作に時間をかけていたのね，ということをあらためて知る。しかもすべてのシーンを録画しているわけではないので，実際はもっと時間をかけていることになる。どのよう

な時間が進行していたのか，弥縫を含んだシーンが観察可能なのか全くわからない 25 時間 49 分のデータがある。

　心身にゆとりのあるフィールドワークの場合は，フィールドノートやスマートフォンに「11:05 撮影開始　蔦の這う壁の前」といったような「しおり」を書いておける。どんな時間の文節構造だったのかを少しでも外部記憶化しておくことで，次に何が起きるか予測がつく状態になる。

　おそるおそる再生ボタンをクリックする。最初のうちはマルコヴィッチ・スタイルが興味深く，滑らかに動くミシン針と布の動きに見入った。ユキがデータとして提供可能と判断した衣装製作現場ではあるものの，マルコヴィッチ・スタイルのうしろめたさを覚える。これだけ協力してもらったのだから何か発見しなければならないと前のめりで臨む。ノートパソコンに気になった点を打ち込む。タイピング音が高まる。けれどもほどなくして，ユキの自室に流れる，茫漠と広がる時間に打ちのめされる。ユキの手元のミシンが動き出す，針を止める，縫い目を確認する，またミシンが動き出す。テレビモニタには映画『名探偵コナン』や『ザ☆ドラえもんズ』，『ONE PIECE』などのブルーレイが繰り返し映し出されている。とはいえ，ユキはそれほどじっくりと観るわけでもない。

「10，9，8，7，6，5，4，3，2，1！」
（新一と蘭ねえちゃんのまわりの噴水が一斉に噴き上がり，コーラをプシュッと乾杯……）

　違う。これは『名探偵コナン　瞳の中の暗殺者』の映画の動きのほうだ。ふと気がつくと，フィールドワーカーの目は，ユキの動きではなく，工藤新一と蘭ねえちゃんの思い出のシーンに向いている。ユキの動きに目を戻すと，ユキもまた，テレビモニタに視線が

釘付けになって，縫製の手が止まっている場合がある。ユキの縫製もわたしの分析も，中断と再開が繰り返される。

　とりあえず，茫漠と広がる時の流れに棹をさしてみる。ユキは型紙となるものをネットで検索し，プリンタで出力する。型紙を身体に合わせてみて，サイズを確認しながら型紙の大きさを調整する。型紙を布の上に置き，チャコペンシルで線を引き，裁断する。裁断された布を身体に合わせてみながら，縫い合わせるところにまち針を刺す。ミシンで縫い合わせる。縫い合わせたものを部屋着の上から着用して微調整する。おおまかには，この工程が繰り返される。

　ユキの家族が映像に映し出されると，製作の時間が分節化される。同じ場所に複数の人がいれば，なんらかのインタラクションが生じる可能性が極めて高い。

「『オカシナナ』の内容，忘れてる」

お，男性の声だ。すばらしい！　ブルーレイは『ザ☆ドラえもんズ　おかしなお菓子なオカシナナ？』に変わっている。ユキのお兄さんが飼い犬を追いかける形でユキの部屋に入ってきた。お兄さんが入ってきても，ユキの衣装作りが止まることはない。お兄さんも，ユキの衣装作りに対して何か言うわけではない。

「友達がさ，六本木のバーにいたら，ジャスティン・ビーバーが来たんだって」

　ジャスティンは，本当にコスプレの衣装製作と関係がない。

「へー，いいなー」とユキが反応する。

　『ザ☆ドラえもんズ』の声優の話などを 2 分くらい続け，ユキの兄は，同居しているおばあちゃんを車に乗せて買い物に行く時間を確認し，部屋を出る。ユキの視線がお兄さんに向いたのはお兄さんが部屋を出た後だけで，ずっと，衣装の布か『ザ☆ドラえもんズ』が映し出されたモニタに向けられていた。兄を無視しているわけではなく，おばあちゃんとの買い物の計画や，ジャスティンに関する

トークには対応しながら，手元では縫製のためにまち針を打つといった作業を続けている。

　ユキの縫製は，映画の音声，家族とのちょっとした会話などに誘われながら，時に中断され，状況に応じて再開される（松浦・加藤・岡部，2019）。一見，衣装製作に関係のないように思われるできごとが，実は衣装製作の活動の時間を分節化する。分節化とは，活動が意味のある単位に分けられることを指す。ふと，ユキの部屋を訪れるユキの母親の姿が映る。研究室で今にも寝そうになりながらコーヒー片手に映像を観ているわたしの口から期待が漏れる。ユキの縫製のタイミングや，それぞれの行為にかける時間はあらかじめ決まってはいない。

弥縫の生じるコンテクスト

　ユキの家の中の活動を松浦・加藤・岡部 (2019) に沿って見ていこう。家の中での小さな創作活動は，テレビモニタから流れる映像や，家族との小刻みなインタラクションによって，しばしばスケジュール変更を余儀なくされながら継続する。あらかじめ「この部分はこう取り繕う感じでいこう」と，事前に手はずを緻密に整えて，計画通りのタイミングで縫製するわけではない。ユキの縫製の方法やタイミングは，衣装製作とは関係のないようにも見えるインタラクションに埋め込まれている。

　コスプレイヤーの衣装製作は，イベントの日までに間に合うように，そして合わせ写真の質を下げないようにする，といった最低限の制約を設定しておくものの，プロセスは自由だ。必ずしも縫製のみに集中して製作をしなければならないわけではない。むしろ，縫製のみに集中するといった制約から自由になれる行為の組み方を表現している（松浦・加藤・岡部，2019）。

　目的までのプロセスの組み方が自由であるという，家の中の衣装

製作のコンテクストにおいて，ユキは時に弥縫を含みながら縫製する。事前にプランされておらず，弥縫を含んだユキの縫製は，産業主義的なコンテクストから眺めると，散漫で回り道の多い「未熟なもの」とみなされるかもしれない。しかし，家の中にビデオカメラを設置してもらい，マルコヴィッチスタイルで縫製の様子をつぶさに観察すると，縫製の仕方とコンテクストの関係が見えてくる。観察された映像データにおいて，ユキはアニメの音声を聴きながら縫製し，しばしば，音声の進行に誘われて縫製から映像視聴へと移る。ユキの部屋を訪れた家族との会話において，『ザ☆ドラえもんズ』やジャスティン・ビーバーに関する発話といった些細な行為に誘われて衣装製作は中断され，また再開される。ユキの縫製は，ユキ個人のプランでもなく，事前に頭の中に組み上げられていたものでもなく，家族との会話やメディアとの小刻みなインタラクションによって探索的に決まる。ユキの弥縫を含んだ縫製の仕方もまた，縫製以外の，さまざまな活動が並存して進行する（家の中という）製作の場において能動的に対処した結果である。

　加えて，ユキの縫製に関して，肯定的であれ，否定的であれ，何か評価をくだすような家族の発話は観察されなかった。たとえばユキの兄は，ユキの部屋で再生されているアニメに関して発することはあるものの，縫製について助言をしたり，異端視したりすることはなかった。ユキの母親も同様で，イベントが近く修羅場のようなユキに対し，共感する発話はあるものの，たとえば母親がユキの縫製に手出ししたり，口出ししたりするわけでもない。ユキのコスプレ衣装製作に無関心ではないものの，ユキの縫製についてことさら何か指示や指導をするわけでもない家族の態度もまた，ユキの縫製の方法を水路づける（松浦・加藤・岡部，2019）。学校や縫製の習い事の場合，こうはいかない。

　家の中とは，家事，仕事，学業などそれぞれ多様な動機や関心を

持つ家族メンバーが，さまざまな活動に関与している場である（伊藤，2015）。ユキも，コスプレの衣装製作だけをユキの都合だけで行っているわけではない。たとえば買い物の調整や，家族メンバーとのちょっとした会話や，洗濯物の取り込みや，犬の散歩など，家での生活を営むうえでなされるさまざまな行為と並置されて衣装製作が行われている。日常生活において，アマチュアでありながら個々人にとって意味あるものを創出することは，生活を豊かにすることにもつながる。ただし，あまりに衣装製作だけに没頭したり，個々人の欲求をそのまま露骨に表出したりするだけでは，家の中というコンテクストは成り立たない。愛好精神と抑えがたい興味の実現のためには，微妙な調整が必要となる。弥縫とは，家の中というコンテクストにおける，巧みな調整の結果でもある。

---

22) 裁縫による衣服の製作は，江戸期には「裁縫塾」において教授されていた。明治期の学制公布以降は，家庭科の前身である「裁縫科」において教育され，大正期からはミシンを用いた教材も取り入れられた。戦後，洋裁の技術を中心とした実践のもと，和洋裁学校の学生数が爆発的に増えた状況を，井上（2010，2017）は「洋裁文化」と呼ぶ。この洋裁文化を下支えしたのが，学校における家庭科や「洋裁学校」，そして家庭において自分たちの衣服を裁ち縫う「自家裁縫」である。ゴードン（2013）によれば，1951年の東京では中流階級の都市居住者におけるミシン所有率が70％を超えており，自家裁縫が一般化していた（1900年代前半は，ミシンを扱うシンガー社の社員が，公園で女性向けのミシンを活用するためのワークショップを開催していた）。1970年代以降，既製服に対する需要が自家裁縫を上回り（菅付，2015），繕うよりも買い直すスタイルが定着した。そうしてミシンを用いた裁縫は徐々に学校の教科の技術として移送され，自家裁縫は楽しみながら時間を過ごす余暇，趣味的な活動となった。

23) エドワード・サイード（1995）は，『知識人とは何か』において，知識を創る際の専門主義に対する「アマチュアリズム」を重要視している。「専門主義とは異なる一連の価値観や意味，それをわたしは＜アマチュア主義＞の名のもとに一括しようと思う。アマチュアリズムとは，文字通り

の意味をいえば，利益とか利害に，もしくは狭量な専門的観点にしばられることなく，憂慮とか愛着によって動機づけられる活動のことである」（サイード，1995，p.136）。サイード (1995) によれば，アマチュアリズムとは，利益や褒章によって動かされるのではなく，「愛好精神と抑えがたい興味」によって衝き動かされ，境界や障害を乗り越えてさまざまなつながりをつけたり，また，特定の専門分野にしばられずに専門職という制限から自由になって観念や価値を追求したりすることをいう。

24) コスプレイヤーは，時に巧みなアイディアで造形し，目を見張るような写真を残す。しかし時には，納得のいく出来映えの写真とはならないこともある。とはいえそのことに拘泥するわけでもなく，次の撮影会を計画する。

25) コスプレイヤーどうしの関係は，長く続くものもあれば，はかないものもある。コスプレの予定を「ドタキャン」されたり，信頼していたコスプレ仲間から SNS に悪意のある書き込みをされたりする場合もある。コスプレにおいて大切にしたいポイントが異なったり，気の合わないコスプレイヤーとの合わせ／併せを続けたりすることは，無駄だと言う。集まって親しくなったかと思えば離れていく。コスプレイヤーどうしの関係は，記述しにくい曖昧さに埋め込まれている。

26) コスプレをフィールドとした研究では，既存のジェンダー配置をずらし，置換し，新たな配置を増殖させる「ジェンダー・パロディ」に関するものが蓄積されてきた（たとえば，牛山，2005 など）。田中 (2012) は「コスプレイヤーは，化粧や裁縫など，伝統的に女性的だとされてきた行為を徹底すればするほど，伝統的な女性像から離れていくという矛盾の中に生きている」と述べる。「化粧をする」，「きらびやかな服を着る」という女性的とされる実践を通して男装もする。田中 (2009) は「コスプレというのは，女性たちに押しつけられてきた行為や習慣を過剰に引用することで，女性を飛び越えていくという逆説的な文化であると言えるかもしれない」と論じる。

第5章 ギブとゲット
―アフィニティ・ベースの利他

5.1 高いから創る

　前期の4限の講義のあとは疲れていたけれども，身体は大学の情報機器ルームに急いでいた。ピッカピカの3Dプリンタ，Replicator 2が3台新しく導入されて，情報機器ルームのさらに奥の小部屋に鎮座していた。たぶん，研究室のコスプレイヤーたちが3Dプリンタで遊んでいるはずだ。3Dプリンタの利用者がいなくなる夕方の小部屋は，コスプレイヤーたちの集いの場と化していた。

　新しい3Dプリンタは，買うと高くつく小道具を時間と労力をかければ0円で出力してくれる仲間として知覚され，歓迎されていたのだ。情報機器ルームのドアを開ける。3Dプリンタのノズルが行ったり来たり，溶かした樹脂を積層しているのが見える。アイの友達のミヤノさんが（飲食可能なスペースで）お菓子を勧めてくれる。アイの先輩のイシさんとアンさんは，アイのためにモデリングした3Dデータを自慢げに見せてくれる。三次元モデルもお菓子も，ほんとうにうまい。

共愉的な集まりの構造

　研究室の3年生だったアイは，夏休みに，ロサンゼルスで開催されるアニメ・エキスポに遊びに行く予定を立てていた。アニメ・エキスポとは，アニメ・マンガ・ゲームのファンたちの超大規模な祭典だ。巨大なコンベンションセンターで開催される点は日本のコミックマーケットと同じだが，同人誌の頒布は極端に少なく，ヤオイナイト，アニメミュージックビデオやヘンタイアニメの上映会，ファンダムサミット，物販と，ロサンゼルスのからっからの青空のように突き抜けたお祭りだ。

　参加者の多くがコスプレをしており，日本にくらべて男性のコスプレイヤーも多い。「コスプレ・ギャザリング」という枠がプログラムに用意されていて，何日目の何時から何時までは，会場内のこの場所で『魔法少女まどか☆マギカ』の撮影会，あちらの場所では『美少女戦士セーラームーン』を行うということが決められている。アイは小学生の頃からコスプレで遊んできたのだが，ついにコスプレでワールドデビューだ。『美少女戦士セーラームーン』のキャラクター，ちびうさに扮するらしい。

　3Dプリンタが一生懸命積層しているのは，ちびうさの重要な武

器，ピンクムーンスティックだ。このピンクムーンスティック，過去にはトイザらスのようなお店でも購入できたのだが，生産が中止されてからかなり希少価値となった。オークションサイトで30,000円の値をつけていた。オークションサイトの価格を見た瞬間に，アイの環世界に3Dプリンタが飛び込んできた。以前，研究室のハナさんが600円で恋は戦争バージョンの初音ミクを仕上げたことを得意げに語っていたように，コスプレという遊びは，できるだけ安価で高いクオリティを実現することが美徳とされている。

　コスプレイヤーにとって何が必要となるかは，いつも，コスプレ対象が決まったときに見えてくる。欲求はスケジューリングされにくい。あらかじめ創り方を習得してからコトに臨むというよりは，コトのほうが決まることで何が必要なのかを考え始める。アイのピンクムーンスティックの場合も，3Dプリンタを使ってみるか否か，またどう使うか思考錯誤が生じ，そのために他の学生が招き入れられた。3Dプリンタの出力にかかわるモデリングや機器操作の知識を事前に得ておく思考とは異なる。ピンクムーンスティックの製作に実際に関わっていくなかでの思考だ。足りないものは自分で創り上げるし，創り上げた成果がソーシャルメディアで公開されることも少なくない。

　原料となるフィラメントは研究室に大量にあり，メンテナンスをすることで3Dプリンタを使うことが認められていたものの，「まっとうなデータ」を出力している学生の隣ではやりにくいとアイは言う。でも，3Dプリンタならピンクムーンスティックを精巧に0円で出力することができる。背徳感と満足感が交差する。

　「セーラームーンを出力してるってなったら，もう3Dプリンタ使わせてもらえないよね」と，背徳感モードのアイがネタ的に話す。

　創造に向かう情動は社会的だ。他の学生や教員が少ない土曜日も，集いの場では，ひっそりと3Dプリンタの専有が行われる。

3D プリンタ利用者のいない土曜日に，狡知をめぐらせて創作する，日常的な戦術の姿だ。3D モデリングを得意とする研究室の先輩イシさんは，30,000 円を 0 円にするアイの計画に揺さぶられ，3D データを改造し始める。ウェブ上にハート型やスティック状の転用可能な 3D データが蓄積されているので，ゼロからつくる必要がない[27]。

　教員のカードキーでのみ入室できる，大学の情報機器ルームに鎮座する 1 台 20 万円の 3D プリンタは，「価値を制度化した道具」に見えた。しかし，アイやイシさんによって，なんの衒いもなく，密かに「道具の価値の民主化」が遂行されていた。彼女らは，新しい 3D プリンタという道具それ事態にも面白さを見出していたかもしれない。それ以上に，モデリングへの関心と能力，商業的なオークションサイトに頼らず，自律的にコスプレの道具を創る自発性，これらの関心と自発性を増幅する道具として 3D プリンタに接していた。みんなでわいわい，自分たちにとって意味のあるものを創ることができる，共愉的な道具 (Convivial tool)（イリイチ，1989）としての 3D プリンタに面白さを見出していた。意図的であれ，無意図的であれ，制度的な道具を相対化していたのだ。精巧なピンクムーンスティックの出力結果だけから，彼女らの活動を評価することはできなそうだ。彼女らが息吹を与え，育ててきた共愉的な集まり方にも目を奪われる[28]。

循環するギブ

　3D プリンタのノズルは行ったり来たり。フィラメントが出力され，イシさんの 3D データが実世界にあらわれる。ミヤノさんは，3D データよりも，アイとアンさんとの声優談義に興味があって，この集いの場に姿を見せる。ミヤノさんの狙いは，3D プリンタから出力されるときに生じる「時間」だ。3D プリンタの出力はとに

かく時間がかかる。手持ちのピンクムーンスティックのひとつのパーツでも，30分くらいかかる。3Dプリンタから出力される時間と空間は，新しいテクノロジーとともに生じた，新たな時間なのだ。

コスプレの小道具を創作しているフィールドもまた，一見，何も起きていないのっぺりとした空間に見える。お菓子を食べていたり，3Dプリンタからの出力を眺めていたりしていて，ダイナミックな動きがない。集いの場はそもそも動き回るには狭い。アイやミヤノさんたちのやりとりには，一見，何か驚くような出来事が埋め込まれているようには見えない。しかし，3Dプリンタのある小部屋に顔を出し続け，少しずつ目が慣れてくると，違ったありようが見えてくる。アジトの参加者が小さく動くと，そのとき誰かへと「ギブ」が行われたりしている。

イシさんは，セーラームーンのちびうさのアイテムに必要な王冠の形とハートのモデリングをするために，ライセンスフリーでオンラインに転がっている3Dデータを検索する。3Dプリンタのようなデジタル工作機械やイラストレーターのようなオーサリングツールには苦手意識があるけれども，コスプレの活動には興味のあるミヤノさんは，ちょっとしたお菓子を買ってきて，3Dプリンタの出力待ち時間のすき間の絶妙なタイミングでお菓子を提供する。廊下の休憩スペースとお菓子の存在によって，ミヤノさんは好きな声優の話をアイとアンさんに聞いてもらうことができる。アイとアンさんは，ミヤノさんの持ってきてくれたお菓子を食べる。ついでに，お菓子の袋を塗装のための下敷きにも利用する。

集いの場のなかで，3Dプリンタのノズルがぐるぐる回る。小さなギブも，狭い小部屋のなかを循環する。ノズルから溶けたフィラメントが積層していく。ギブにギブが重なる。イシさんのモデリング，ミヤノさんのお菓子と声優談義，アイのコスプレ経験，それぞれがそれぞれに面白がられ，興味に衝き動かされていく。イシさん

もミヤノさんも，互いにギブし合っている。集いの場はギブにあふれている。アイたちは，自然にギブし合うことで，小さな部屋の小さな創造活動に参加している歓びをゲットする[29]。

5.2　ギブとゲットのフィールドワーク

もしもアイが，イシさんによる 3D モデリングのデータをゲットするだけだったとしたら，ちびうさのピンクムーンスティックは創り続けられただろうか。フレド・ニューマン (2019) は，『みんなの発達！—ニューマン博士の成長と発達のガイドブック』のなかで，互いに与え合うことを喜びとする「ギブ」の文化の必要性を説いている。

ニューマンによれば，わたしたちは「ギブ＝分け与えること」のほうが，「ゲット＝自分のものにすること」よりも喜ばしいと頭では理解している。しかし日常生活では，いかに少ないギブでゲットを奪うかという，ゲットのゲームの実践者だという。もちろんゲットがいけない，というわけではない。ニューマン自身も述べているように，ゲットはコレステロールのようなもので，摂りすぎると体に悪いけれども，生きていくのに必要なものだ。

> 私が言いたいことは，ゲットが反道徳的だということではありません。コレステロールと同じで，ゲットは多くの生活場面で，私たちの（感情に関する）健康にとって大変良いとは言えないのです。
>
> 　私たちはゲットの文化に暮らしているけれども，人はゲットすることよりも，ギブすることで，感情面でも発達の面でも救われるということです。ここでギブは，すべての感情的「所有物」を，積極的にシェアすることを意味しています。
>
> 　　　　　　　　　　　　　　　　　　　（ニューマン，2019, p.3）

ニューマンは，ギブのメカニズムをフル活用したソーシャルセラピーのグループを組織している。ニューマンのソーシャルセラピーグループでは，先に回復したメンバーが，ソーシャルセラピーのグループを運営する方にかかわり，あとからやってくる参加者を助ける。そうすることで，もともといたメンバーは，回復「し続ける」ことができる。ちびうさのピンクムーンスティックを 3D プリンタで創る集いの場には，フレド・ニューマンのソーシャルセラピーとの類似点もある。ソーシャルセラピーでは，自分が他者からギブされるだけの存在だけではなく，ギブする存在でもあることで，そのソーシャルな場のメンバーでいられるようになる。

　3D プリンタが動く，狭い小部屋のそのまた片隅から観察していると，ちょっとだけ不思議な側面が見えてくる。イシさんを中心に加工に適した 3D データをみつけて，既存データを加工して愉しんでいるとき，またはミヤノさんが声優のファントークをしたいがためにお菓子を持ってきたりするとき，彼女らの言動には，「このメンバーで，何かひとつの創造的なことを成し遂げるのだ！」といったような強い意識が見えるわけではない。たとえばイシさんは「アイとアニメ・エキスポの話をしていたら，つい 3D データを加工してしまった」といったほうが実情に近い。その結果，みんなで過ごす集いの場の濃度が高まる。

「ギブのゲット」というギブ

　「何か創造的なことをみんなで成し遂げるんだ」，「そのためにみんなにわたしの持てる知識や技術をギブするんだ」ということをあまりに意識しすぎると，遊びとしてのコスプレへの気持ちは長続きしない。コスプレをするわけではないけれども造形を好むイシさんは，自分の持っている知識や情報を，アメリカでコスプレをするアイにギブする。イシさんはアイに 3D モデリングの技能をギブする

ことを通して，集いの時間に参加する歓びを得ているように見える。イシさんは，アイに知識や情報をギブすることとともに，アイにギブした知識や情報を「ゲットしてもらえる」ことで，参加する歓びをゲットしている。

　イシさんにアイが 3D モデリングデータの作り方を教わったり，結局はイシさんがアイのためにモデリングをやってあげたりする状況だけをみると，アイは手のかかる存在かもしれない。しかし一方で，実はアイは，イシさんのギブの契機となり，イシさんの周辺的な参加の歓びを引き起こす存在でもある。

　アイとイシさんの関係は，駅で大きな荷物を抱えて困っている人を手助けすることで，自分も愉しくなって元気になるような感じだ。大学のゼミでも，学生の卒業研究相談でうまいアドバイスをできたとき，アドバイスをしたわたしも愉しくなる。ギブしつつゲットする。傍目には卒業論文の指導に少し慣れた教員が，初めて論文を書く大学生に知識や情報をギブしているだけの構図だろう。でも実際は，ギブしながら，その学生から教員がゲットしている。

　強い西日が差し込んできている小部屋のなかで生じる知識や情報の伝達は，ギブとゲットの複雑な絡み合いである。その絡み合いが彼女らを狭いアジトにひきつける。ミヤノさんのお菓子のギブには，みんなの小腹を満たすという意味がある。そしてそれ以上に，集いの場に参加する歓びをミヤノさんがゲットすることにつながっている。彼女らは，もしかしたら，「他者からのギブをありがたくゲットすることを通した他者へのギブ」が抜群にうまいのかもしれない。彼女らは，皆がそれぞれの持てる知識や技術をフルに提供することで「共創的，創造的な活動を実現するんだ」という目標を実現するために集まっているのではなさそうだ。

　完成したちびうさのピンクムーンスティックの再現性は相当高い。ただし，ちびうさのスティックの出来栄えだけで彼女らの活動

が評価されるべきではない。彼女らが生成してきた共愉中心の集まりが評価されるべきである。アイがコスプレで用いるスティックの出来栄えは，集いの場にみんなでいる・いたことの歓びに比例して向上した。

夏休みがあけると，アイは，その年のアニメ・エキスポの様子が写真入りでまとめられたフリーペーパーを見せてくれた。アイが現地記者の取材に協力したら，アイの家に冊子が郵送されてきたそうだ。そのフリーペーパーには，ミヤノさんのお菓子とイシさんとアンさんのモデリング技術で創り上げられたピンクムーンスティックを手に掲げたアイが大きく取り上げられていた。

本当に，アイはコスプレワールドデビューを果たしていたのだ。

「いること」とギブすること

コスプレイヤーは，撮影会に向けて数ヶ月前からお互いに予定を調整し合う。社会人も多いため，貴重な土日のいずれかを一緒にコスプレを行うために空け（るために他の予定を調整す）る。この苦労して調整したスケジュールに向けて，コスチュームや必要な道具を準備する。

よって，コスプレイヤーは貴重な休みの時間を投げうってでも衣装製作を間に合わせる。徹夜明けだろうとしても，よほどのことでもない限り，なんとか間に合うように会場に向かいメイクの準備を始める。仮に誰かが撮影会の履行を怠った場合，そのコスプレイヤーは，不届き者という烙印（レッテル）が貼られることになる。コスプレ仲間とともに立てた予定をなんとか守り抜くことは，負い目感情を覚えなくてもよくするためでもある。

同様のことは，同人誌界でもいえる。

たとえば，夏と冬に開催される同人誌即売会であるコミックマーケットに出展できるか否かは，申込書を送っただけでは決まらな

い。決して低くない倍率のなか，出展を許可された同人サークルの人たちだけが頒布できる。許可された各同人誌サークルは，コミックマーケットを取り仕切るコミックマーケット準備会との関係において出展許可書を受け取る。彼女らには，コミックマーケット準備委員会，そしてコミックマーケットの来場者との約束が発生することになる。

このため，自分の同人サークルだけが約束の履行を怠るわけにはいかない。申し込んだのに，出展が許可されなかったサークルだってごまんとある。こうして，休みの日も朝7時から原稿の執筆にあたれるよう，家の中のことがらを事前に調整したり，印刷所への入稿締め切りぎりぎりに奔走したりする。ファンのコミュニティのメンバーシップを遊ぶということは，ゲットする文化ではなく，ギブし合う文化に巻き込まれることである。

ファンのコミュニティで遊ぶ調査者としてのわたしは，どうだろう。インタビューはファストフード店やファミレスで行われることが多いので，その飲食代を調査者が支払う。シャドウイングやインタビューに協力してもらうなど，面倒な調査の場合は謝金の額を事前にお伝えする。謝金を支払えない場合も，その条件のもとでご協力いただけるか否かを調査対象者に判断してもらう。労働と報酬の関係だ。

金銭の授受以外ではどうだろう。

何もしないでコスプレ・イベント会場の東京お台場，夢の大橋のそばにいるだけだと，フィールドワークという文脈でも無能であり，コスプレ・イベントという文脈でも無能な存在になりそうだ。無能な存在になってしまうことを避けるためにも，わたしは，コスプレ・イベント会場で何かをしていたくなる。

とりあえず，調査対象者の荷物を預かり，着替えやメイク中に不要な荷物の番をしてみる。着替えとメイクを待つ1時間はとにか

く暇だし眠い。それでも，何かすることがあると，コスプレ・イベントのフィールドにいることができるようになる。コスプレイヤーとしてであれ，カメコ（撮影専門として訪れる男性）としてであれ，主催者としてであれ，コスプレのイベントに参加できるという状態において，「ただ観察している」ということは，コスプレのイベントに「関わらないこと」をしているということになる。ただ超然と観察する人の存在は，コスプレ・イベントにおいてとにかく不気味だ。

　当時愛用していた唯一の一眼レフカメラ，Nikon D40 にサードパーティの単焦点レンズを取り付けて構えてみる。単焦点レンズは本当にありがたくって，わたしのようなド素人がシステムまかせのオートフォーカスでシャッターを切っても，背景がいい塩梅にぼやけてくれて，それなりの味わいをだしてくれる。一応，良い写真を撮ることに貢献している役目を果たしている「かのよう」にはなる。とはいえ，わたしが撮影した写真が，ユキのコスプレ用の名刺に採用されたり，オンライン上の cosplayers（コスプレイヤーのソーシャルネットワーキングサービス）のアカウントページに載ったりすることはないのだけれども。

　コスプレ・イベントの会場で調査協力者の荷物を運ぶ，（決してうまくはないけれども）カメラマンになる。フィールドワークを始めてすぐの頃は，もしかしたら，何らかの学術的な知につながる振る舞いを観察できて，論文にまとめるヒントを提供してもらえるかもしれないという「交換」のために手伝っていたのかもしれない。回数を重ねてくると，一緒に遊んでいるなかで手が空いているから，または暇だから荷物を運ぶ，という感覚になった。調査対象者であるコスプレイヤーのキャリーケースを調査者のわたしが運んでも問題ない，ということがわかったことも大きい。できる限り理想的な場所で，良い気候のうちに撮影を始めて，きれいな写真を残す

ことに参加したい，という気持ちが湧いてきていたようにも思う。

金銭のギブもあれば，エネルギーのギブもあれば，感情のギブもある。このような有形無形のさまざまなギブによって，調査者としてのフィールドワーカーもまた，ギブ文化にすっぽりと巻き込まれている。だけれども，フィールドワーカーがギブをする以上に，フィールドワーカーは調査協力者からギブされる。

ギブを受け取るフィールドワーク

イベントのあとのアフターとしてご飯を食べながら，フォーマルな調査とはとうてい呼べないようなインタビューを行う。アフターにおいて，彼女らは撮影した写真を見ながら互いに称賛し合い，もしまた同じコスプレをする場合の改良点を言い合う。称賛と改良のアイディアが行き交い，自分たちが欲する写真を創り上げていく。コスプレイヤーどうしで後押しし合いながら，とても「いい塩梅に調子にのって」次のコスチューム製作に向かう。

そんなアフターの最中，アイもユキも「この調査ってどんな結論の話になるんですか」と聞いてくる。インタビューにおいて，わたしもインタビューされる。そのような場合は，インタビューでありながら，調査協力者とともに「予備的な分析」のようなことをしていた。調査協力者とともに予備的な分析をすることは，ミミさんとのフィールドワークではよく行われた (Ito, 2005)。もしかしたら，質的な調査を行う立場として言語道断なのかもしれない。わたしが提示した分析フレームワークに沿うように，調査協力者がいい塩梅に語ってくれていたこともあったのかもしれない。さらに悪いことには，調査協力者がこちらの意を汲んでくれていたインタビューを「うまくいったインタビュー」と，フィールドワーカーとしてのわたしが勘違いしていたかもしれない。

フィールドワーカーは，調査対象者からギブされる。甚だ能天気

に言えば，調査対象者からのギブをゲットするのもフィールドワーカーにとって重要である。調査協力者が熱心にインタビューに臨んでくれていて，必死に回答を探してくれていると，変な気持ちになる。でも，調査協力者の発話をすべてありがたくわたしは受け取る。

　ギブしてもらえた分だけ，データ収集が回り出す。チサトさんやココさん，ユキやアイは，だんだん，わたしの研究を形作るようになっていた。彼女らは大学で卒業論文を書いている。研究や調査にはかなり近い存在だ。いつのころからか，たとえば，「今度，合わせをする人たちとのやりとりで，気になった LINE のメッセージはデータを残しておきますね」とか，「この場面って絶対面白がってもらえそうだから」と言って，撮影中にオフショット写真を送ってくれたりだとか，そんなことが起きていた。もはや，調査対象者と調査者は一緒に研究成果を創っている。

ギブに身を委ねる

　調査を始めたら，ずっとギブされているのがフィールドワーカーだ。フィールドワークは，その対象となるところで生きる人びとに影響を与える。そして質的研究の領域ではよく言われるように，フィールドワーカーも影響を受ける。ただし，フィールドワーカーが影響を受けるかどうかも予見できたりコントロールできたりするわけがなく，常に潜在的である。

　フィールドワークには，ギブしてもらう側面が多分にある。そんなとき，フィールドワーカーは，調査協力者からのギブをありがたく受けとり，小さなギブの渦に身を委ねる。インタビューや観察の映像データを見直していると，わたしがずっとギブされていることが本当によくわかる。山田君に座布団をすべて持っていかれそうだけれども，フィールドワークのすべてをフィールドワーカーがひとりでやろうとしないで，調査協力者にも担ってもらうことが重要

だ。調査協力者と調査者との間でも，フィールドにおけるギブの遊びを展開してみる[30]。

　ギブする遊びの場において，コスプレイヤーどうしがギブし，ギブされる。ユキが気を利かして持ってきたりんごの小道具を，リツも工夫して使って写真を撮る。ギブを受け取ることもコスプレの遊びだった。3D データを創るイシさんも，お菓子を持ってくるミヤノさんも，ギブのゲットのうまいアイも，遊びの場において，ギブしてもらうことに慣れていた。

　ギブから成り立つ遊びのなかに入ることがフィールドワークである。フィールドワーカーとしてのわたしも，ギブを受け取り，ギブを回す。調査のコンテクストとして「まっとう」なのかを気にしながらも，ギブを受け取り合う。フィールドワークもまた，ギブを受け取る遊びなのかもしれない。3D プリンタの小部屋における，小さな創造活動自体も，その活動のフィールドワークも，ギブされることと，ギブすることの重なりだ。

　　能動的にやっているつもりで，受動的に受け取っていて，受動的に受け取っているつもりが，能動的に手渡している。主体の場所が入れ替わり，能動と受動がぐるぐると回転する。……メンバーになるって，そういうことだ。「メンバー」とはもともとラテン語の「menberum」を語源としていて，それは「体の一部」とか「手足」という意味を持つ。メンバーであるとはコミュニティの一部になることなのだ。一方的にサービスを受けている人はメンバーになれない。

　　　　　　　　　　　　　　　　　　　　　　（東畑，2019，p.222）

　わたしがフィールドワーカーとしてコスプレイヤーのユキやアイとのつながりを生きるということは，不要な荷物を待ち運び，場所

とり兼荷物番をし，アイスカフェラテやチョコレート（BAKE や
ガルボ）をコンビニで買い，カメラをかかえて素人の撮影をし，ア
フターでインタビューをさせてもらい，録音したインタビューの逐
語録をつくるという具体的なギブの繰り返しでしかない。フィール
ドワーカーの特性や専門性というものは，そういったきわめて日常
的なギブの具体性のなかに埋め込まれているのかもしれない。

---

27) Ito, et al. (2020) は，場やテクノロジーを利用できるようかかわるこ
とで他者の興味をサポートし，その興味に正統性を持たせるような人や
組織，コミュニティを「スポンサーシップ (sponsorship)」と呼んでい
る。共愉的な集まりは，ピンクムーンスティック制作へのアイの興味と，
イシさんによる 3D プリンタやデータといったリソースへのアクセス，
そして制作に正統性を与えてくれるアフィニティ・ベースの (affinity-
based) スポンサーシップのつながりからなる。なお，コリンズ ＆ ハル
バーソン (2020) では，「共通の関心や情熱を持った人々が集い，学び，
成長する空間」を「アフィニティ・スペース」と呼んでいる。

28) さまざまな人びとが，少しずつ知恵を出し合いながらかかわる製作は，
Benkler (2006) によって「コモンズ・ベースド・ピア・プロダクション
(Commons-based peer production)」と呼ばれる。この発想は，どこか
中心があって，その中心がすべてを管理するものづくりから，思い描い
た造形を即座に行う自律分散型のものづくりへと，視点の変更を求めて
いる。

29) 情報デザインを専門とする上平 (2020) は，実際の利用者や利害にかかわ
る人びとが積極的に加わりながらデザインを進めていく，「コ・デザイン
(Co-Design)」という新しい社会関係を生み出す原動力は，「誰かが誰か
の力になる／誰かは誰かから力をもらう，という贈り贈られる関係—す
なわち「利他性」—から生まれている」と指摘する。

30) ヴァスデヴィ・レディ (2015) は，「他者が知覚されるときはいつでも，
とくに他者とかかわっているときは，人と人の間には情動的な結びつき
がある。この結びつきは，単に知られることの一部ではない。かかわり
のなかでは，私はあなたを，単に眺めているだけのときとは異なるやり
方で知る」と述べる。レディは研究者が調査協力者にかかわる「二人称
アプローチ」と呼ばれる記述方法を提唱する。

変換と交歓
—日常に埋め込まれた市井のデザイン

第**6**章

6.1　デザインすること

　住宅地の隙間を縫うように走る東急世田谷線に初めて乗ったの
は，アイへのシャドウイング調査の時だった。シャドウイングと
は，調査対象者の「影」のように行動をともにする調査手法のこと
だ。ふだん遊びに行くところや，買い物に行くところに一緒に向か
う。実際の影は喋らないが，シャドウイングでは気になることがあ
ったら質問させてもらう。調査協力者から了解が得られれば，状況
が許す限り映像に記録したり，IC レコーダーに録音したりもする。
米国の半導体企業で，人類学のエスノグラファが用いているのを目
にして以降，真似している。

　降り立った駅前には，床面積の広い全国展開の 100 円均一ショ
ップがあった。

　ロサンゼルスのアニメ・エキスポで『美少女戦士セーラームー
ン』のちびうさのコスプレをし，さらには取材を受けてフリーペー
パーに掲載されるという，ワールドコスプレデビューを果たし帰国
したアイが次に行うコスプレは，『進撃の巨人』だった。突如出現
した巨人により滅亡の淵に立たされた人類の物語である。人類は生
き残りをかけて巨大な三重の城壁を建て，その内側に生活圏を確保
したが，その壁を超えてくる巨人に立ち向かうべく人類は戦いを余
儀なくされた。

コスプレイヤーは，ロケハンと地道なものづくりのもと，創造性にあふれた作品を残す。ただしその際，彼女らのものづくりは，既製品を購入（して改造）するごくありふれた消費活動のなかにもある。コスプレのものづくりは，「他者を触発する奇想天外なひらめき」という意味での創造性とも距離をとるような営みに見える。アイは，巨人と戦うための武器を世田谷線沿いの100円均一ショップで探していた。いや，100円均一ショップに巨人と戦う武器はない。立体機動装置という，巨人と戦うための武器を創るうえで重要なパーツとなる，子ども用のおもちゃの太鼓を探していた。

道具の再発見

　立体機動装置には，ドラム状の部品が含まれている。ドラム状の部品の造形のために，当初アイは金属を円形に加工しようと考えていた。最初から作り方がわかっているわけではないからこそ，考える技法が求められる。

「火であぶりながら円形にしていくしかないかなって」

「直線のものを？」

「こういう金属を曲げるとなると，熱しかないじゃないですか。綺麗に曲げるには。この太鼓はすでに綺麗に曲がってる。というのが浮かぶというか，それで100円は安いよねって」

　はまっている人たちの固有の巧みさは，興味深い。コスプレイヤーが精通しているのは，はっきりした造形の知というよりも，その知を導くために試行錯誤する方法にある。アイは，金属を円形にした造型が，身近な店で安価に入手できることに興奮していた。100円均一ショップで幼児用玩具として販売されている太鼓を「小物を形成する部品」であるとみなし，創作の対象としている。ある道具を何らかの方法で用いたり，創り出したりすることは，自分がどういった存在であるかを示している。アイは，道具の所与の使用方法

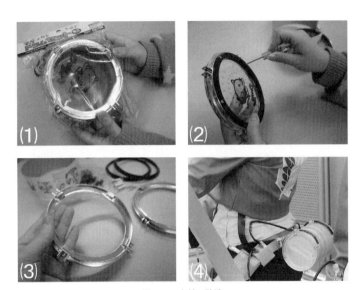

図 6.1 太鼓の改造

(1) 100 円均一ショップで購入した太鼓の玩具，(2) と (3) 分解，(4) 改造された結果．
(松浦・岡部，2014 より)

以外の意味や役割を，その道具に見出す．コスプレ・コミュニティ
のメンバーであるということは，道具の意味や役割を見出したり，
デザインしたりすることといえる[31]。

　太鼓を用いた武器の創り方は，あるコスプレイヤーがソーシャ
ルメディアで拡散，共有したものだった．商業的にコスプレをして
いる方ではなく，市井のコスプレイヤーだ．アイの知り合いではな
い。

　コスプレイヤーによっておもちゃの太鼓が「発見」されていなか
った時は，金属の素材を湾曲させてフレームとする方法をなんとか
試みるか，立体機動装置の装着を諦める選択をしていただろう，と
いうのがアイの見立てであった．ただし，全国展開する 100 円均
一ショップで日常的に販売されている太鼓のおもちゃがコスプレ用

の材料として「再発見」され，その情報がソーシャルメディアを介して拡散されることを通して，その選択は過去のものとなる。素材としての太鼓のおもちゃが「標準化」される。この瞬間，アイが知覚する創作の見え方は変化する（松浦・岡部，2014）。既成品の秩序に巻き込まれながら，消費したモノをずらして別のものに創りかえる「密猟」の技法と「民衆的実践」には，市井の生活の知恵が見える。

　熱しながら円形の部品を構築しなくてもすむようになると，立体機動装置を装着しないコスプレイヤーもまた，過去の存在となる。太鼓のおもちゃのように，何らかの対象物をコスプレという活動にとって必要な道具であると知覚・認知することそれ自体が，コスプレイヤーのアイデンティティを示しているといえるだろう。何を製作や造型の対象物として見て取るのか，ということと，その人が何者であるかということは，同時に生起する。

　田中（2009）も述べるように，コスプレのコミュニティには，素人にはわからないさまざまな知識と技術が集積されている。衣装や小道具の製作を可能な限り安価で実現することにもこだわりがある。手元にあるもの，入手可能な雑多な材料と道具を間に合わせで使って，コスプレに必要なものを自分で創り上げる様子は，ブリコラージュといえよう。ブリコラージュは，器用仕事とか寄せ集め細工などと訳されている[32]。限られた持ち合わせの雑多な材料と道具を間に合わせで使って，目下の状況で必要なものを作ることを指している（小田，2000）。

ブリ・コラージュ

　100円均一ショップの太鼓のおもちゃは，『進撃の巨人』を愛してやまないコスプレイヤーを100円均一ショップに連れ出すだけではなく，コスプレイヤーを遊びに向かわせる。ユクスキュルの『生物から見た世界』にならえば，コスプレイヤーの環世界では，100円均一ショップやホームセンターは加工可能な素材の宝庫となる強い味方だ。フィールドワーカーは100円均一ショップの商品群としか知覚できない。アイの知覚する光景とは異なっている。

対象に異なる秩序を与える

　コスプレイヤーとしてのアイの環世界にわたしの視点を沿わせてみると，道具は人に服従するだけのものではなく，わたしたちが表現するための源泉であることがわかる。コスプレイヤーがそうするように，わたしたちは，遊びのなかで道具を自分のものにする。

　デザインとは「対象に異なる秩序を与えること」である。

　これが，筑波大学の自動販売機の隣の早すぎたノマドライフでタイプされた，アリモト先生とわたしのデザイン観である。道具であれ制度であれ，対象にひとの手が加わることで異なる意味や価値を

与えることをデザインと考えている。たとえば，湯呑み茶碗に持ち手をつけるとコーヒーカップになり，指にひっかけて持つことができるようになる。このことでモノから見て取れるモノの扱い方の可能性が変化する。

　既存のモノの創意溢れる改造は，コスプレ・コミュニティのなかでのアイデンティティを生成する。太鼓を改造し，ソーシャルメディアに投稿したコスプレイヤーは，「対象年齢3歳の100円のおもちゃ」に「『進撃の巨人』のコスプレをする人びとにとって意味のある素材」という意味を付与した。ソーシャルメディアに投稿したコスプレイヤーもまた，「市井のコスプレ・クリエイター」へと転換されるのだ。

　太鼓の発見によって，それまで何時間もかけて製作していた小物や衣装が，短時間で安価で効率的に作成することが可能となった。アイの視点から見ると，部品を創る手間が大きく省略された。創る気持ちすら生じなかった動機を一変させ，火であぶって曲げる製作過程は過去のものになる（松浦・岡部，2014）。コスプレ・コミュニティのなかで，新しいモノを用いる行為が広まり，コミュニティにとって当たり前の行為になる，「小さな標準化」が達成されるということは，今ある現実の別バージョンを知覚することになる（有元・岡部，2013）。

　アイはいそいそとスマートフォンを取り出し，太鼓のおもちゃの棚の写真を撮影していた。太鼓のおもちゃの在庫がたくさんある店舗を他の人にも知らせるため，店名とともにツイートするのだという。

　わたしも記録用に太鼓をひとつ買っておこうと手に取った。

「あ，買うんですか。もう，全国の100円均一ショップから太鼓が消えてるんですよね」

それはいくらなんでも言い過ぎだろうよ，と思った。コスプレイヤーのエネルギーで，しかも『進撃の巨人』のコスプレに走るコスプレイヤーだけで，そんなことは起こらないだろう。

　太鼓のおもちゃをお互い手に持ち，お会計を済ませようとしたら，にこやかな声で「製作がんばってくださいね」とキャッシャーの店員さんがアイに言う。

「んぁ！？」思わずフィールドワーカーの声が漏れる。

　コスプレイヤーだけでなく，100円均一ショップのスタッフの方々も，このおもちゃの太鼓の文化的な意味がわかっていた（ことに気がついた）。たくさんのコスプレイヤーが購入していったのだろうし，コスプレイヤーの創造的な改変を100円均一ショップも理解しているのだろう。本当に，全国の100円均一ショップで太鼓のおもちゃが買い求められているのかもしれない。

6.2　デザインと負い目感情

「塗装も結構重要だと思っていて，既成品は結構一定の色じゃないですか。銀だったら銀でつくっちゃうし。でも立体機動装置だとちょっとぼろぼろの方がカッコいいから，黒を最初に塗って，銀を次に塗った方が，ぽい。塗装はちょっと他の人より汚くやりたいなと」

「質感は勝負どころ？」

　研究室にコスプレイヤーがいてくれると，日々の何気ないコミュニケーションにも耳が吸い寄せられる。

「そう思いますね。『進撃』とかはちょっとくたびれていた方がカッコイイので。鏡みたいな銀でやられても，ぽくないなって。もう少し汚していいんじゃないかって。綺麗すぎて。戦ってないよね？みたいな」

　コスプレイヤーのアイは，小学校の高学年の頃からコスプレをし

ていて，大学受験時の面接でもコスプレの経験を客観的に話したという逸話をもつ。彼女は，太鼓のおもちゃがある種「標準化」されたことで，立体機動装置にサビや汚れが付いているように塗装を施すことを試みた。ソーシャルメディア上の情報に，自身の経験と創造を溶いて合わせ，知恵を調和させる。

アイは，立体機動装置を創るうえで，リツイートされた100円均一ショップのおもちゃの太鼓情報を見つけて，真似て創ってみた。もともとツイートしたコスプレイヤーが，見返りを期待しない利他的な歓びから，有益な情報を他のコスプレイヤーに向けてツイートしていたのかは定かではない。そもそも太鼓のおもちゃの改造に関する情報が，コスプレ・コミュニティにとって有益となるかどうかは，あらかじめ決まっているわけでもないだろう。受け手である他者が立体機動装置の創作方法をどのように受け取るか，発信側はコントロールできない。生成された知は，常に多様な他者との相互作用に揉まれる。単純に右から左に移動するような代物ではない。

たしかにアイは，他のコスプレイヤーのツイートを見て真似することで，100円均一ショップのおもちゃの太鼓に簡単に行き着き，短時間で，お手軽に，安価で，仕上がりのよい立体機動装置を創ることができた。直接の知り合いではないコスプレイヤーから，創り方の情報というギブを得た，とも見える。創り方を提供したコスプレイヤーは，「アイに」ギブを送信したつもりはないだろう。価値ある創り方のツイートにたまたま気づき，受け取ったアイが，その情報をギブにした。

負い目感情

わたしたちは，余裕がある場合に友達の仕事をちょっと手伝ってみたり，たまにご飯をおごってもらったり，日常生活のなかの有形無形の小さなギブを経験している。ギブは，ちょっとズームアウト

して眺めてみると，モノやお金や情報の移動でしかない。そんなモノの移動が，実はわたしたちの認知，もっといえば感情や行為を知らないうちに縛っている。わたしたちは，人からプレゼントをもらったとき，お返しをしなければいけない気持ちになるということがある。相手は別にお返しを求めているわけではないのだが，そのままにしておくと相手に借りをつくった気分になり，なんとなく罪悪感を覚えてしまう（岩野，2019）。小さな贈与や交換とともにある認知的な営みは，日常のそこかしこにあふれている。ソーシャルメディア上で，他者からメッセージを受け取ったまま返信しないでおくと，ままならなさを感じる。小中学生でも，たとえば撮影したプリクラをあげたりもらったりしながら，仲の良い関係にあることを示し合う。やっていることは小さな写真の移動でしかないものの，その移動が，友達との親密さという，感情の構築にも関係してくる（岡部，2008）。このように，きわめて即物的なやりとり，単なるモノの移動が，わたしたちの認知に作用する。

　今村 (2000) は，『交易する人間』において，わたしたちの行為が，いかに負い目を解消するための努力として説明可能かを記している。

> 負い目感情は，人間の実在の基礎的な構成要素である。この負い目の感情は，あらゆる相互行為または交易のなかに繰り込まれている。神々にむけての宗教的・儀式的な供儀や供物の提供のなかだけでなく，あらゆる事物のやりとりとしての交換や取引のなかにも負い目感情は働いている。

> （今村，2000，p.68）

　今村 (2000) において「社会のなかで生きる」ということは，人と人との相互行為ばかりではない。自然や聖なるものといった，人

間以外の存在者との相互行為でもある。今村は，わたしたちは自然から存在を贈与されている存在だという。よってわたしたちは，自然からの生命の贈与に産まれながらに負い目感情を覚える。たしかに，わたしたちは自然のなかから，動植物を食物としてギブしてもらって食べるし，排泄もする。負い目感情がある限り，人間は負い目を解消するべく努力する。

　古くから自然に対してお供え物とともに祈りを捧げたりするのもまた，自然への負い目感情の解消のためなのだ。日本史で習う「租庸調」のうち，収穫の３パーセントを税としておさめる「祖」は，もともとは自然＝神様に対する贈与が税に変わったものだ。為政者も，うまく負い目感情を活用してきた。

新たな活動の生成

　負い目感情は，実はわたしたちの生活をいろいろと束縛している。このことは，わたしたちの認知や行為の源泉を考えていくうえで，とても面白い。面識のない人がソーシャルメディアに宛名のないまま提供してくれた改造方法の写真情報を，アイは本当にありがたそうに受け取る。そして，「ちょっとくたびれていた方がカッコイイから，ちょっと他の人より汚く」塗装することで，これまた宛先のないままギブしているように見える。特定の誰かから誰かへの情報の転送ではない。特定のできる人が，特定のできない人へと教えているようにも見えない。ソーシャルメディアゆえ，いつ「ギブとして発見される」のかもわからないタイムラグもある。

　アイは，太鼓のおもちゃ情報のおかげで「空いた時間」を，塗装に凝ることで埋めている。楽に，安く，かつ精巧に造形できたからこそ，「ちょっと他の人より汚く」創るというのだ。ギブとゲット，そしてゲットに対するアイのギブ，これらの間にはラグがあり，一対一の双方向的な情報の移動ではない。双方向でギブし合う交換で

はなく，たまたまソーシャルメディアで見つけた投稿をありがたがるような，一方向のギブからなるやりとりである。

100円均一ショップの太鼓のおもちゃという「新しいモノ」が再発見されたことによって，アイの目の前には，「くたびれた感じの塗装」という新たな活動の生成可能性が広がった。武器の円形パーツの造型が標準化されたことにより，まだ発展途上にあり，標準化されていない造型に向かう（松浦・岡部，2014）。アイを含むコスプレイヤーたちは，利用するモノの標準化を通して活動を縮小すると同時に，新たな活動や課題を生成する存在である。

100円のおもちゃの改造というギブをギブとして見出し，肩肘張らずに誰かに向かってギブする巧みな知性の伝播である。おもちゃの太鼓を改造する方法の投稿も，塗装に凝って立体機動装置を創ることも，それらは，誰かの行為をギブとして認識することに誘われたギブである。交換とは異なり，アイから太鼓のツイートの主に何らかの返礼が直接贈られるわけではない。クラスの友達からプリクラをもらったので，自分のプリクラを渡す交換とは異なる。情報と情報の物々交換ではない。

経済・産業的な価値とも距離がある。太鼓のおもちゃのツイートをした人が返礼を得るとしたら，閲覧者がソーシャルメディア上でクリックした「いいね」やリツイートなどである。太鼓の情報提供者は，アイが真似て創ったことも，太鼓の情報のおかげで製作が進んだことも知らないままであろう。

彼女らの活動は生成的である。既存のモノを消費し，よりよい写真やパフォーマンスのために創造的に改造する。コスプレイヤーが織りなすソーシャルメディアの場は，100円均一ショップの商業的なモノを共愉的なモノに変質させる力を持っている。ソーシャルメディアは，コスプレイヤーどうしの愉しさと歓びを媒介する。100円均一ショップの太鼓のおもちゃの改造という面白いアイディア

を，誰かがありがたく受け取る。コスプレイヤーが共愉的な改造を
繰り返すうちに，そのコスプレイヤーにとって魅力的な衣装や小道
具ができあがる。わたしたちが慣れ親しんだ等価交換や物々交換に
照らすと，作品やキャラクターへの衝動の結果をソーシャルメディ
アにダダ漏れさせることは，非合理的な行為にも見える。しかしそ
の非合理的な行為の結果，コスプレ界において互いが知恵を生成し
合い，愉しさを覚える合理的な場が生成される。

6.3　創造的交歓

　ソーシャルメディアを介して自分にとって出来栄えのよい立体機
動装置を創造したアイは，何からギブをゲットして，そして何にギ
ブしたのだろうか。

　100円均一ショップのおもちゃの太鼓の情報を提供したのは，ア
イとは直接面識のないコスプレイヤーである。費用と製作時間を大
幅に短縮させることのできたアイは，その見知らぬコスプレイヤー
にものすごく感謝していた。ただし繰り返すと，発信元のコスプレ
イヤーは，100円均一ショップの太鼓のおもちゃと，それを改造し
た立体機動装置の写真とをアイのためにツイートしたわけではな
い。

　しかし，アイがソーシャルメディア上の情報に触発されて，凝っ
た塗装を施した。アイは完成した立体機動装置とともにイベントで
撮影し，出来栄えのよいコスプレ写真をソーシャルメディアにアッ
プする。アイの写真を見たまた別のコスプレイヤーが，おそらくさ
らに面白い造形に走る……ギブとギブがぐるぐる回る。アイがギブ
している先は何か。

　おそらく，活動だ。

発達する活動

　活動は，認知科学に限らず，お隣の心理学，社会学においても最重要ワードのひとつだ。香川 (2019) は，「活動とは自己も他者も区別できない関係運動であり，活動の発達への贈与は相互反映的に活動から返礼を招く」と述べる。活動という概念でコスプレの創作場面を見ることで，アイと，ソーシャルメディア上の他のコスプレイヤーの関係を，別々のものではなく，融合したひとつの運動体としてみなすことができる。そして，その融合した運動体が，立体機動装置の創作を誘い，生活の濃度を上げていく。アイは，アイでありながら，コスプレ・ネットワークの人びとと融合したような存在である。もちろん，アイ以外のコスプレイヤーも，アイを含むネットワークと融合する。これが活動の概念から見る創造である。

　100 円均一ショップの太鼓のツイートを通したギブをゲットすることによって，凝った立体機動装置を創作できるよう，アイを含む活動が発達する。活動の発達は活動へのギブだ。アイの塗装も，活動を拡張させることに対してギブしている。太鼓の改造情報は，そしてアイの塗装は，特定の未来に向かって伸びていくような発達の

結果というよりも，目の前の状況が愉しさで満たされ，知恵が横に広がっていくような発達の仕方だ。

　コスプレの縫製や製作はコスプレイヤーとコスプレイヤーの共同によって成り立つ。コスプレ・ネットワークは，関心を共有するたくさんの個の「水平的な」発達によって成り立っている。ある特定のコスプレイヤーだけが「垂直的に」発達するだけでは，コスプレ・ネットワーク全体が面白く継続することは難しい。

　「アイが精巧な立体機動装置をつくることができた」という現象は，アイ個人の能力のもと，創造的な立体機動装置をつくったように見える。現象を描いた文章としては間違いない。アイとアイの手元にある完成したばかりの立体機動装置だけをフレームにいれて描いたら，その通りだと読める。

　しかし実際は，もう少し描写のフレームを大きくしたり，フレームアウトしたりしながら現象をとらえたほうが良さそうだ（有元，2019）。「アイが精巧な立体機動装置をつくることができた，という結果になるための，スマートフォンや，ソーシャルメディアや，他のコスプレイヤーや，ツイートしてくれたコスプレイヤーや，画像が，アイを取り巻くコスプレ・ネットワークの場にあった」と描写すると，アイの創造はさまざまな人びとや道具の網の目のなかで実現していることが見えてくる。「アイが精巧な立体機動装置をつくることができた」と，個に還元する見方ではなく，「コスプレ・ネットワークにおいて精巧な立体機動装置をつくることができた」と，活動に還元する見方だ。さらにフレームアウトして，「……全国展開する100円均一ショップや，100円均一ショップのスタッフや，太鼓のおもちゃの生産工場ラインや，太鼓のおもちゃを運ぶトラックや，太鼓のおもちゃの原料や，……」と付け足すことも可能だろう。

　アイの精巧な立体機動装置の創造をアイ個人に還元してしまう

と，創れる，創れないがコスプレイヤー個人の問題となる。もしく
は，太鼓の情報をツイートした個人に還元してしまうと，ひとりの
造形に長けた有能なコスプレイヤーの創造性によって，創れる，創
れないが決まることとなる。創造性がコスプレイヤー個人の問題と
なってしまう。

　起きている現象を個人の問題としてとらえるフレームもありえる
だろうし，実はそのような伝統的な教育のパラダイムのほうが一般
的かもしれない。しかし，あるコスプレイヤーによる 100 円均一
ショップの太鼓のツイートを通したギブから，アイの塗装に関する
ギブの流れまでが入るようフレームの時空間を整えてみよう。コス
プレイヤーが共同で創る場のなかで，コスプレイヤー全体が愉しん
でいる物語が見えてくる。創り方を教えてギブすることから，創り
方を学んでゲットすること，この一方向的な流れを見てとるのでは
ない。教えギブしながら学びゲットして，学びゲットしながら教え
ギブするという円環としてコスプレの活動をとらえる視点だ。

交換から交歓へ

　香川 (2019) は，こうした活動の発達を軸とした，得るために与
え，与えることで得ることを「創造的交歓」とし，この創造的交歓
こそが，人，生物，自然にとって本来，普遍的で原初的な交換原理
であるとする。交「換」ではなく，交「歓」である。100 円均一ショ
ップの太鼓のおもちゃ情報において，改造の術は確かにソーシ
ャルメディアで誰かの手に渡ったが，その情報や術のギブは，特定
のコスプレイヤーのゲットのためになされたものではない。そこに
は，創造的で集合的な歓びの活動があった。

　香川 (2019) は創造的交歓の特徴を 7 つ挙げている。そのうちの
2 つ目のポイントとして挙げられている，「特異性の交歓」に着目し
たい。

創造的交歓の第二のポイントは，特異性の交歓である。自己
　の特異性を他者というより，間から立ち現れていく「共的な
　活動，オブジェクトの発達」に向けて投与（創造的に贈与）す
　る。つまり，単に所有物の行き来でも，他者への贈与でも，そ
　して既存のもののシェアでもなく，各個人に還元できない，共
　的なあいだを新たに共同創造していく過程が創造的交歓であ
　る。

（香川，2019，p.64）

　しつこく，100円均一ショップの太鼓のおもちゃの改造と，アイ
の塗装を考えてみる。アイは何かのきっかけで，たまたま『進撃の
巨人』のコスプレをしたいと思うようになった。原作を愛好し，機
会をうかがっていたのかもしれない。そして，『進撃の巨人』関連
のコスプレをしているコスプレイヤーのオンラインにアップされて
いる画像をチェックしまくり，立体機動装置を創るに至ったのだろ
う。
　こうして初めて，アイは立体機動装置を100円均一ショップで
買える太鼓のおもちゃで創造できるツイートをゲットした。ツイー
トの情報は，アイが立体機動装置を創造することになる前からゲッ
ト可能だった。アイは，『進撃の巨人』のコスプレをすることにな
り，情報を発見し，ゲットした。『進撃の巨人』を中心に，アイの
造形の欲望とツイートした主の造形の知がゆるやかに出会い，異な
る人びとどうしによる活動が発達する。

　　創造的交歓では，創造される活動は特定人物の所有物でもなく
　特異な人々の「間」から生まれ，変化を続けるプロセスそのも
　のである。この人たちとなら，何か新しい可能性を生み出せそ
　うだという集合的拡張感覚，ネットワーク的（関係的）主体性

の発達でもある。

（香川，2019，p.65）

　アイの欲望を，ツイートの主は知らない。アイもまた『進撃の巨人』のコスプレの欲望が湧くまで，ツイート主による100円均一ショップの太鼓の情報を知らなかった。太鼓の改造によって，そしてアイの塗装によって，他のコスプレイヤーたちも，さらなる工夫が加わった造形へと手を伸ばす可能性が生まれた。こうした，ギブにギブを重ねる創造は，活動への参加と継続の歓びを増幅させるだろう。

　「ちょっと塗装を頑張る」アイのアイディアは，もともとは「既存の商品から立体機動装置を精巧に創る」アイディアをヒントに創造された。アイが，自ら専有 (appropriation) したアイディアに誘われて，アイのアイディアを差し開く行為に至った点が重要だ。インタビューで，受け取ったギブへの謝意を語るアイは，送り主とは異なるかもしれない誰かにギブを受け渡す。アイも，自分がギブを受け取った時と同じような誰かを想像することで，『進撃の巨人』のコスプレ写真が集合的に躍動する。アイは，求めていた立体機動装置の創り方をゲットするとともに，自身の塗装を誰かに向けて滑らかに手放す。太鼓の情報と差し出した塗装の情報が等価であるか，といったことを考えているようには見えない。商品と金銭のような等価交換よりも，宛先があるのかどうかもわからないギブによる交歓が目につく。こうして『進撃の巨人』のコスプレは駆逐されずに発達する。

　近年，たとえばコワーキングスペースやシェアオフィスのような場，またはワークショップのような学習環境においても，異なる知を持つ人びとが集い，新しいものごとを生み出す活動が重視されている。ただし，創造的交歓の概念に沿ってコスプレイヤーの具体

性をみると，異なる知とは，もともと見えているものではなさそう
だ。何が活動の発達をうながす知となるかは，常に潜在的なもので
しかない。特異性とは唯一絶対性ならぬ唯一相対性（高木，2001）
なのである。

31）園芸を愛好していた思想家の林達夫は，「アマチュアの領域」というテー
マで雑誌『趣味園芸』に寄稿している（林，1939）。「アマチュアの領域」
によれば，当時，園芸に必要な道具や技術がめざましく発展し，一般の
人びとができることも飛躍的に増えた。ただし趣味の園芸家たちは，や
りたいことも違えば，園芸を楽しむ土地の特徴も違うため，みんなが同
じように同じ道具を使うわけではなかった。このとき林が着目したのは，
新しい道具の使い方を覚えつつも，ただそのままには使わずに，さまざ
まな工夫をはさむ趣味の園芸家たちの姿であった。
32）レヴィ＝ストロースは『野生の思考』において，ブリコルール
（bricoleur：ブリコラージュする人）の用いる資材集合の特徴として，
次のように記している。「ブリコルールの用いる資材集合は，単に資材
性（潜在的有用性）のみによって定義される。ブリコルール自身の言い
方を借りて言い換えるならば，「まだ何かの役に立つ」という原則によっ
て集められ保存された要素でできている」。

第7章 プランと即興
—愉しみをつくる身体

7.1 相互行為としてのポージング

コミックマーケットをはじめとする大規模なファンダムイベントでは，コスプレの撮影風景を目にすることができる。リツは，「撮影時に1秒だけキャラクターになりきること」がコスプレの愉しみのひとつだと言う。年齢や身体の特徴を超えて，1秒だけキャラクターという記号になりきる際，常にコピーアンドペーストしたように身体をカメラの前に配置するわけではない。「3枚お願いしまーす」と言われたら，シャッター音にあわせてちょっとずつ身体を動かす。

いつも同じようなポーズにならない理由のひとつは，撮影が相互行為だからである。カメラを構えた人とのインタラクションだけではない。合わせでコスプレをしている場合は，他のコスプレイヤーとのインタラクションもある。さらには，空間配置，テーブルや椅子など什器の有無，利用可能な小道具といった撮影場所にあるさまざまなものとも身体が相互作用する。

　何人かの合わせ／併せの撮影場面では，あたかもあらかじめ策動されていたかのように，ほぼ同じタイミングで互いにすーっと身構える。時間があるときは構図やポーズの相談がなされるが，唐突な撮影依頼の場合はその余裕もない。しかしながら，他のコスプレイヤーのちょっとした身体の動きや，たまたま目に入った道具，カメラを構えた人の姿勢といった些細なきっかけに誘われて，お互いの身体配置が切り替えられる。どうやら，コスプレイヤーひとりひとりの頭の中にプランがあって，そのプランに則ってポーズをとっているわけではなさそうだ。むしろ，一緒に写るコスプレイヤーの行為を横目に見ながら推測しつつ，微細に変化する互いの身体をきっかけとして利用しながら，自分（たち）の身体を調整している。撮影とは，他者と道具との間で刻々と変化するインタラクションへの身体的な対応だ。

　ある集団やコミュニティのメンバーとしてそこに居るということは，その集団やコミュニティのコミュニケーションに参与しているということだ。そのコミュニケーションには，言語的なものだけではなく，身体的なものも含まれる。身体的なコミュニケーションは，人びとの振る舞いのあわいに見ることができる。本章では，知らず知らずのうちに成し遂げられている遊びのなかの相互行為をつぶさに見ていくことで，愉しみを生み出す身体をとらえていく。

プリクラブースの身体

わたしたちは日々，他者とのあいだ，また環境とのあいだを調整しながら生活を営んでいる。認知科学，特に相互行為分析においては，個々人の身体のしぐさをお互い観察し合うことを通して，言語的な情報伝達を伴わずに意思疎通が成立したり，トラブルが回避されたりすることが示されてきた（たとえば，高梨・関根，2010，坂井田・諏訪，2015）。数人でなされる日常のさまざまな遊び場面を見ても，そこには観察され合う身体がある。あらかじめ予測し得ない身体の所作に，臨機応変に対応していくこととして遊びは組織化される。

複数の人が織りなす撮影における身体のリズムについて，研究室のニシノさん，ホウヤさんと分析した。ニシノさんとホウヤさんの対象は，プリクラブースにおいてどのようなインタラクションのもと「プリクラポーズ」が決まっていくかである。なお，2020年のプリクラ専門店を観察すると，昼間は高校生を中心とした10代の女性が大半を占めるそうだ。プリクラブースを利用する際は，2人以上の場合がほとんどである。20代の大学生，たとえばニシノさんは，3〜4人の飲み会のあとに「ノリと勢い」でプリクラの撮影に向かうことが多いと言う。

プリクラに慣れた高校生や大学生は，シャッターが切られる数秒から十数秒の間に，お互いに身体の位置を調整し，表情をつくって自分たちにとって好ましい写真を残すことができる。しかも，数回訪れる撮影のタイミングにあわせて，数パターンのポーズをほとんど相談なしに創り上げる。背景を選択する可能性もあり，やたらとやることが多いにもかかわらず，すーっと姿勢が定まっていく。ブースのモニタに表示される「サンプルポーズ」を選んで，そのサンプルにあわせたりするかもしれないが，コピーアンドペーストをしたように真似ることは難しい。サンプルとは人数も違う。プリクラ

ブースにおいて，台本を見つけることは容易ではない。

　また，ニシノさんとホウヤさんが2010年から2020年頃までの約500枚のプリクラを分類したところ，「ダブルピース」や「ハート」といったポーズの型は，20カテゴリくらい抽出できるようだ。おそらく彼女らは，長年プリクラ交換をするなかで型の候補を増やしては実践し，身体に刻み込んでいる。しかしブース内において，型の候補のなかからひとつ選択し，他者に伝達して処理するには時間が足りない。

　「じゃあ次，ハート」だとか「虫歯」といった明確なプランを出す人がいると，一見規律が保たれた瞬間があらわれる。しかし，ある人の頭の中にあるポーズのプラン（イメージ）が，そのまま導管を通るように他者に伝達することは考えにくい[33]。いちいち「ええと，次は首を向かって左に45度くらい傾けて……」と口頭でイメージを事細かに説明しているうちに，シャッターが切られてしまう。どのようなポーズで撮影することになるのか，次に何が起こるのか，プリクラ利用者たちは事前には知らない。友達が自分と同じ時に同じような行為をするとは限らない。このような状況において，ブース内のモニタに映る誰のどの動きに注目すべきかは必ずしも観察可能ではない。

　プリクラのブース内において，限られた時間のなか，ほぼ失敗なく好ましいプリクラを撮影できることは，考えてみるとなかなかすごいことだ。ニシノさんとホウヤさんは，プリクラブースでどのようにポーズが決まっていくのか，その相互行為を細かく追っている。そのために，友達とプリクラを撮る際に，友達に許可をとってスマートフォンでブース内を撮影してもらった。すると，シャッターが切られる数秒前，誰かのちょっとした何気ない身体の動きにひっぱられて，全体のポーズが決まっていく事例が観察された。

　たとえば，ニシノさんを含む大学生4人の事例を見てみたい。

他の3名にもブース内の撮影と研究利用の許可をとり，ニシノさんのスマートフォンがプリクラ機「アオハル」の台に置かれ，ブース内のインタラクションが録画される。スマートフォンの映像を見返すと，4人の大学生の視線はプリクラブース内のモニタに向けられている。「モニタ上の自分たちの映像を複数人で見ながら身体を調整する」という，プリクラやスマートフォンの「自撮り」以前にはあまり経験することのなかったであろう，モニタを介したリフレクティブなインタラクションだ。映像を一緒に見ながら，身体やプリクラのカメラ位置を動かしてモニタの映像を操作し，モニタにあわせて自分たちの身体をまた操作する。しかも映っているのは自分だけではない。他者の身体に自身を沿わせていく，複数の参加者による新しい映像 – 身体体験ともいえる。

身体への注意の解像度

「次なに？」

「どーすんの？」

　プリクラブース内で少々酔っ払ったニシノさんらが叫ぶ。

　プリクラブースのモニタに示されたサンプル画像に誘われ，その通りのポーズにするのか，はたまた違うポーズを試みるのか。4人のプリクラポーズは，あたかも事前に打ち合わせがあったかのように，瞬時に決まっていくように見える。けれども，実際にはその微細なやりとりには，わずかな時間のズレが埋め込まれている。細馬 (2016) によれば，わたしたちは何かやりとりするときに，同時に行っているように見えるけれども，実際にはその微細なやりとりのなかには，細かい時間のズレが埋め込まれている。プリクラブースにおいても観察できるそのわずかなズレの時間は，おそらく，発話と共起するさまざまな非言語行動の観察タイムだ。ニシノさんらは，相手が何をしているかをモニタ越しに見てから，自分の動きを

決める。

　不運にもポージングが決まらない場合，ほんの一瞬，身体の動きが「停滞」したことがお互いに観察可能になる。その時，分析対象の映像には，ちょっと首をかしげて身体を一時停止したニシノさんが映っていた。ニシノさんの「首かしげ」は，他の3人にも見えている。プリクラ機のカウントダウンにうながされながら，「首かしげ」の行為がハイライトされる。するともうひとりが，ニシノさんの「首かしげ」に寄り添うように身体を移動し，すかさず首をかしげる行為をとった。3人目，4人目にも同様に「首かしげ」が採用され，プリクラポーズのプランがここで即興的に決まった。数秒の出来事だ。普段プリクラを利用しない者の目には，なんの躊躇もなく，言葉のやりとりもなく，ささっとポーズが決まったかのように見える。ただし細かく映像を見ると，結果として，ニシノさんの行為が4人のプリクラポーズのプランを決定したように見える。プランは後付けで見えてくる。

　プリクラを愉しむ人びとは，お互いの行動をモニタ越しに観察し，リアルタイムで調整し合っている。重要なのは，単に，ニシノさんが一方的にプランを提示したわけではないことだ。先に首を傾げたニシノさんの行為は，あくまできっかけのひとつに過ぎない。そこから一緒に撮影する人びとがどう反応するかによって初めて次のポーズが輪郭を帯びてくる。ニシノさんの無意図的かもしれない些細なきっかけに，他の人びとが必ずしも合わせてくれるとは限らないし，合わせなければならないわけでもない。「同じ姿勢をとらないプリクラポーズ」をあえて目指すこともあるだろう。

　ニシノさんが実現しようとしている（かもしれない）行為に対して，異なる行為をなす可能性も十分にある。ニシノさんたちひとりひとりの身体はとても流暢だ。4人の顔は常に表情を送り合い，手足は意味ありげに動き，姿勢は予測不能にゆらゆら変わる。ブース

内の 4 人には，誰のどの行為に注目し，何を手がかりにすればよいのかは自明なことではない。このような状況におけるニシノさんたちの臨機応変な「動的対応力」（諏訪，2013）もまた，認知科学における知の解明のあり方として面白い。

　スマートフォンを用いた自撮りにも同様のことがいえるだろう。プリクラや自撮りというごくありふれた行動のときでさえ，わたしたちは，ささっと身構え，お互いが次に行うであろうことを推測し，些細なきっかけを使ってうまく身体を調整しているのである。なお，「わたしたち」と書いたが，わたしはプリクラの経験も自撮りの経験も数えるほどしかない。

　プリクラや数人での自撮りとは，被写体どうしが，モニタに映る自分たちを見ながら，お互いに身体のあり方を変化させる遊びである。そしてまた，お互いの身体位置の不断の交渉を通じて，次第に身体どうしの関係に対する注意の解像度を上げていく，いくつもの焦点のある相互行為を伴う極めて身体的なコミュニケーションである（細馬，2018）。ニシノさんらは，お互いの身体のあり方を知り，プリクラ機のカウントダウンのなかで即座に身体をコントロールし，プリクラを愉しもうとする。

　きちんとしたプリクラを撮ることとともに，相互行為を通じたポージングのあり方の即興的な変容こそが，プリクラブースでの愉しみのひとつとなっていると仮定してみる。プリクラの愉しみを創るには，綿密にプランするのではなく，曖昧なままポージングに移行した方がよいのかもしれない。そうやってプリクラにおけるしぐさを小学生の頃から積み重ねてきた。10 年以上かけて培われてきた彼女らのプリクラ・リテラシーは，「曖昧なままにする価値」を経験上知っている。きちんとするために，曖昧なままにする。

　プリクラポーズの候補，型のレパートリーはひとりひとりの頭の中にあるようで，実は，状況的，即興的にあらわれる。結果的にど

のようなポーズで撮影されるかは，プリクラブースのなかの人びとの微細な行為と，背景，カメラ，アイコン，スイッチ，順番待ちの人たちなどのさまざまなものに左右され，時々刻々と変化する。プリクラポーズは事前に選ばれてあらわれたというよりも，誰かの身体の微移動が瞬時に「『意図』として他者から即興的に見出され」，うまくいくかどうかはわからないままにそれぞれの身体が反応した結果としてあらわれる。即興的な解釈は，4人でポーズの狙いをあわせることとは異なる「身体を伴う遊び」だからこそ見えてきたものだ。

　コスプレであれ，プリクラであれ，自撮りであれ，撮影とは他者と道具との間で刻々と変化するインタラクションへの身体的な対応である。撮影の空間において，他者の視線や姿勢の変化，手足の移動を手がかりに，即座に自分の身体を調整する創造的な遊びであり，お互いの調整の結果が愉しさにつながる。

「見えてはいるけれど，気づいていない」こと

　日常生活の当たり前を疑う視点を持つ。垂涎ものの魅力的なフレーズだけれども，実際に当たり前をとらえなおすことはとても難しい。それどころか，日常生活の当たり前を観察しようとしても，どこからどのように手をつけて良いのか，やっぱりいまだにわからない。

　人間や動物，モノの知的な側面を探究する認知科学においては，知と感情，知と社会，知と文化が誘い合う生活場面全体に着目する必要があると叫ばれてきた。しかし，茫洋と広がる生活世界に徒手空拳で立ち向かっていると，一見おもしろそうに見えた日常生活の当たり前が，とたんに凡庸な記述に成り下がる。もしくは，人びとのなんらかの行動を映像として記録し，その映像を再生して分析しようとしても，「当たり前の日常にしか見えない」状況から抜け出

すことは恐ろしいほどに難しい。認知科学における当たり前の知の記述は，常に，当たり前からの脱却との戦いだ。

　日常生活世界において，網膜には映っているけれども志向されていないこと (Seen but not Noticed) へと視点を向けるためには，観察のための，そして分析のためのユニークな装置が必要となる。装置は視点と言い換えてもよい。認知科学の論文を読んでいると，生活の知を観察し，記述するために（認知科学者たちが）自らつくりあげてきたスマートな装置に日々出会える。装置の開発は，結果の開発と同義だから面白い。どのような装置を準備するかで，見えてくる日常生活世界の知の姿——すなわち結果として見えてくる知の姿——は大きく異なる。

　手元にペンとメモ帳しかない状況と，スマートフォンの高画質カメラを起動できる状況とでは，観察可能な知の営みは大きく異なる。認知科学が少しずつ整備を重ねてきた概念装置をどれだけ持っているかによっても，導かれる知の姿（結果）は大きく異なる。ハワード・ランゴールド (1985) は『思考のための道具』において，コンピュータは人びとの知のとらえ方を刷新したと述べる。認知科学においても，コンピュータシミュレーションはさまざまな認知モデルを水路づけてきた。同様に，感情的で，社会文化的で，曖昧模糊とした日常の知を観察，分析するための装置＝視点の開発もまた，認知科学の得意とするところだ。

　本章を通じて，わたしたちの日常生活世界に見られるこまごました動きをいくつか取り上げる。わたしが認知科学の装置を用いて分析しようとする対象は，プリクラブースでポーズを創っていく過程であったり，のちに示す，2.5次元ミュージカルのファン感謝祭のブルーレイを観ながら声援を送る上映会であったりといった文化的な営みだ。ただし，いくらわたしが「文化的」と言っても，読む人によっては「取るに足らない営み」でしかないかもしれない。た

とえばプリクラのポージング場面など，スマホに記録して再生したところで「何も起きていない」ようにしか見えない。しかし認知科学が蓄積してきた装置とともに解釈を試みると，身体のさまざまなズレと，そのズレが見事に一瞬で修正されていく即興的な知が見えてくるから驚きだ。

　わたしたちは，次にやるべきことのやり方を知らないままに日常の生活世界を生きている（有元，2019）。日常の生活世界における共同的で文化的な営みを解きほどいていくことは，わたしたちがいかに即興的な創造力とともに活動しているかを再認識させてくれる。少しだけ，当たり前の活動を称揚したくなる。絶妙に当たり前を疑う認知科学は，より愉しく生きることを目指すわたしたちの知を解き明かすための最良の土壌だ。

アンノウン・コミュニケーション

　プリクラや自撮りに見る身体のインタラクションであれ，コスプレの身体配置であれ，できるようになってから行うものではない。決まった型のバリエーションがあるかのようにも見えるが，状況的，即興的に決まっていく。コスプレに関しては，毎回違うキャラクターを表現することが多く，インタビューで確認すると，事前にポーズのプランを立てて臨むことは少ないそうだ。コスプレの撮影場面を実際に観察してみると，状況性，即興性をより理解できる。「膝をちょっとなかに入れて，腰を下げないで，お尻を上げる感じで」

　カメラを構えたコスプレイヤーが指示を出す。被写体のコスプレイヤーの身体が反る。どこの筋肉を動かしているのかわからないけれども，ものすごく反る。

　試しに真似してやってみると，より理解できるかもしれない。フィールドワーク中，観察対象のコスプレイヤーの隣に立ち，見よう

見真似で自分の身体に姿勢を当てはめようと試みた。

「二重アゴにならないようにアゴを引いて，身体も引く感じ」

　言われていることはわかる気もするが，言葉をどのように身体に反映させればよいのか，当然ながらわからない。特に「身体も引く感じ」がわからない。「身体も引く」がうまく実現されている姿勢を見せてもらう。いかにわたしが，「見えてはいるけれど，気づいていない」状態にあるかがわかる。カメラマン役のコスプレイヤーが一眼レフカメラを構える。わたしもぐいっと背中を反らせてみる。シャッター音が鳴る。写真を確認する。躊躇と含羞の色に満ちたフィールドワーカーが高解像度で映し出されている。

　フィールドワーク中のちょっとしたネタ的な行為だとしても，「できないことをできないまませる」ことはとてつもなく難しく，恥ずかしさを伴う。切れ切れの Wi-Fi を拾い合っていたアリモト先生の言う「やり方を知っていることの過剰学習（すでに獲得した知識，技能についてさらに反復して学習すること）」のみにあまりに慣れ親しんだ身体であったことを再確認する。「できるようになってから行動する」文脈とは大きく異なる。「できないことをできないまま行為する」場から，いかに距離をとってきたかに気づく。

　経験から「知っていること」に基づいて行為する機会は多々ある。プレゼンテーションのリハーサルを繰り返したり，試験勉強をしたり，わたしたちは「知っていること」をもとに行為する。一方で，わたしたちの生活世界は「わかるようになってからする」，「できるようになってからする」タイプの行為ばかりで成り立っているわけではない。プランや台本がないままに行為する場面も少なくない。フィールドワークでは，いつものパターン化した行為のモードに，知らないままにコミュニケーションに臨む行為のモードが付随する。

アンノウン芋

　フィールドワークの知もまた，フィールドワーカーにとっては曖昧模糊とした予測し難い状況に入り込んで，見えてはいるけれども知らないこと（アンノウン）を，知らないまま調査協力者と即興する知といえる。調査に協力してもらっているコスプレイヤーのすぐ隣に立ち，一眼レフカメラの前で自らポーズをとり，同じ姿勢をとる。実際は，同じ姿勢にはほど遠いものの，同じようなことをやっているつもりで身体を沿わせる。調査協力者と同じ場に身体を投じてみることで，フィールドワーカーにとってちょっとした気づきを生む。いや，フィールドワーカーではなくなっている。フィールドワーカーにとって，「ポーズをとることができるかどうか」は，たとえば論文を書くためにはどうでもよさそうだ。しかし，できないことをわかることによって，できるようになっているコスプレイヤーの理解が少し深まる。

　フィールドワークとは，「やったことがないことをやったことがないまますする」経験である。すっきりと「説明」することは難しい。フィールド認知科学は，（説明することを放棄するわけではないものの，）知を「生成」することに軸足を置いている。あるフィールドに（まだ気づかれていない）可視化すべき知が転がってい

て，そのフィールドに研究者が出向き，機械的な方法でその知を掘り起こすという作業ではない。学術的な知もまた根本的に動的であるがゆえに，調査に協力してくれている人たちとフィールドワーカーが，遊び，戯れながら創り上げられるものである。木（フィールド）を削っていたら，うまいこと中から眠っていた仏像（知）が出てきた（発見）という面白さもあるだろうが，木を一緒に掘り上げて仏像を創り出す歓びもある。フィールドの他者，モノ，環境をリソースとして創り上げる知，人びとが一緒に活動しながら創る，遊び心のある知，このような知の生成を研究として取り上げることは，大きな価値転換といえる。

7.2　同期と非同期

「るーいーとっ！　るーいーとっ！　るーいーとっ！　るーいーとっ！」

　研究室の隣の学生室から漏れ聞こえてくる音はいつも愉しげだ。さて，今日の学部生のゼミはデータセッションのはずだ。

　……るーいーとっ？

　ゼミの学生が，何かしらの相互行為の映像データの断片や，フィールドワークの記録を文章化したフィールドノートを各自持ち寄る。それをみんなで眺めながら，一時停止と再生を繰り返して気になったところを指摘し合う。ELAN(EUDICO Linguistic ANnotator) という専用の（フリーの）ソフトウェアを用いて，モニタに映し出された相互行為にマーキングしていき，あとで詳細に分析し直すための「おおまかな勘所」をメモしていく（ELAN の分析については，細馬・菊地，2019 を参照）。これがゼミで行うデータセ

ッションだ。他の学生のデータでも，映像は注意をひきつける。遠隔でも可能だ。控えめに言ってもかなり面白い。

　おそらく今日は「るーいーとっ！」の分析が待っているようだ。今日のデータセッションは，2.5次元ミュージカルで活躍する若手俳優を応援するファンたちの相互行為を分析している学生が担当するはずだ。昨今の2.5次元ミュージカルのファンたちは，とても忙しく活動している。2.5次元ミュージカルとは，マンガやアニメなどの2次元の作品を，生身の俳優が3次元として演じる舞台演劇を指す。最も有名な『ミュージカル テニスの王子様』（通称テニミュ）は，若手俳優の歌とダンスを愉しむことができる作品として評価が高い。

　……で，るーいーとっ，とは？

能動的な消費

　彼女らの活動の場は，舞台やライブだけではない。ファンは「推し」俳優との握手会や，彼らとのハイタッチを愉しむ接触イベントにも足を運ぶ。推しとは「推しメンバー」の略で，自身の「応援メンバー」，「好きなメンバー」のことを指す。さらに，舞台とライブはCDやDVD，ブルーレイディスクなどに収録されるため，自身の推しが登場していれば買わざるを得ない。ファンたちは自宅で何度も繰り返しライブ映像を観て，都合があえば，気心の知れた2〜3人のファン友だちと集まり，「上映会」を行うこともよくある。上映会とは，複数のファンが集まって一緒にライブ映像を鑑賞する集まりの総称だ。

　……あ，となると，るーいーとっ，は，推しへのコールか？

学生によれば，ファンたちはそれぞれにライブ映像を買い，自宅で観てから上映会に臨む。できるだけたくさんのライブ映像を観るために，ライブ映像を分担して購入して持ち寄って視聴する，という経済的な理由から上映会を開催するわけではないようだ。

「何度も観たライブ映像なのに，なんでわざわざ上映会を開催するの？」

　前提確認の質問として，他の学生が尋ねる。そりゃ，聞きたくなる。

「なにが愉しいの？」

　直球の質問に回答することは大変だろうが，わたしも聞きたい。

　質問への回答はうやむやなまま，2.5 次元ミュージカルファンの学生が撮影してきてくれた上映会の様子をもとに，データセッションがスタートする。

　あ，るーいーとっ，がなんなのか，確認を忘れた……

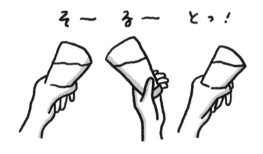

映像に映っていたのは，ゼミの学生と，その友達のふたりだ。ペンライトを振りながら声援（コール）を送っていたライブ映像は『HANDSOME　FESTIVAL　2016』というものだった。若手俳優25人が登場する約2時間半のファン感謝ライブで，ふたりの推しである小関裕太が登場している。小関裕太は『テニミュ』でも活躍していた。ちなみに彼女たちはこのライブを生でも観ており，やっぱり，ふたりともライブ映像のブルーレイディスクを購入していた。

　辻 (2018) は，ファンたちが，男性アイドルを能動的に消費することを通して応援し，そこに満足を得ていることを指摘している。2.5次元ミュージカルの若手俳優のファンたちは，CDやコンサートのチケットといった，何かを買うことでアイドルに近づくことができる。ただし「自らが愛好する男性アイドルの言うがまま，消費行動に走らされている女性ファン」というだけではなく，アイドルを介して他のファンと集まることを通して，ファンどうしの関係性も能動的に消費している。

　自宅においてひとりでライブ映像を観るときは，推しの登場シーン以外を早送りすることが多いようだ。一方上映会では，2時間半のライブ映像を早送りすることなく最初からすべて再生するという。すべての上映会が同様の進行になるとは限らないものの，結構な時間が必要だ。生の舞台やライブで，ファンたちの視線はステージに釘付けになっている。そのため友だちと一緒にライブに行っても，公演途中で俳優たちのパフォーマンスについて感想を言い合ったり，気持ちの昂りを共有したりすることは困難なようだ。仮に感想を言い合ったとしても，会場の爆音や歓声でもみ消されてしまうだろう。

図 7.1　上映会の様子

推しへの感情の同期

　そこでファンどうしの集まりの場として登場するのが，カラオケ
ボックスとなる。もはやカラオケボックスは，歌ったり歌を聞かせ
たりするためだけにある場所ではなく，勉強，休憩，上映会と，都
市空間における自室の延長のような，独特のポジションを築きつつ
ある。

　「上映会」の様子を見ていると，カラオケボックスの室内で，ペン
ライトを上下に振りながら，映像に向かって声援を送っているゼ
ミ生とそのファン友達の姿に目がいく（図 7.1）。室内には壁 2 面
全面に投影できるデュアルモニタが設置されているため，上映会に
はうってつけの迫力だ。大手のカラオケ店には，プロジェクタール
ームやデュアルモニタルームが導入されており，映像を鑑賞しやす
い環境が整いつつある。また，「推し会プラン」として映像鑑賞を
推奨するプランを設けている店舗も登場している。ファンたちは，
ライブで実際に使ったペンライトのようなグッズを持ち込み，コン
サートを疑似的に再現して遊ぶ。

　カラオケボックスの上映会であれば，ライブ会場特有の爆音や歓
声でもみ消されることなく，お互いの感動を共有することができ

る。あらかじめ自宅でライブ映像を何度も観て，おおよそ頭に入っているため，上映会では推しの登場シーンとパフォーマンスに向けて身体をスタンバイできる。そして，いざ推しのパフォーマンスが始まると，ふたりは顔を見合わせて歓びを共有する。上映会の愉しみのひとつは，推しへの感情表現を同期させられる点にありそうだ。

　興味深いことに，というか気になる点として，2時間半のライブのうち彼女たちの推しが主たるボーカルとなる楽曲は，わずか2分半しかないことがあげられる。ライブの出演者は25人もいるので当然かもしれない。2時間以上にもわたる「推しが前に出てこないシーン」をどのように過ごすか。この点が上映会の面白さを理解する上で，もうひとつのキモとなりそうだ。

　そこで，上映会のふたりの推しである小関裕太があまり前に出てこない時間帯を研究室の学生と分析すると，ほとんど打ち合わせなく，ふたりの声援や動作が即興的に同期する現象が見られた。たとえば25人の俳優のうちのひとり，青柳翔斗の登場シーンだ。「るーいーとっ！　るーいーとっ！　るーいーとっ！　るーいーとっ！」ふたりの声が重なる。

　　あ，るーいーとっ！　だ！

　なぜわざわざ，なんども視聴したブルーレイをふたりで視聴するのか，という謎が生じてしまい，頭から「るーいーとっ！」が離れてしまっていた。ここでわかった，この方が，「るいと」さん。

　カラオケボックスで上映会を愉しむふたりの推しのなかの推し，キングオブ推し，いわば「最推し」は小関裕太である。小関裕太が登場する場面では，ふたりともライブ会場かのように盛り上がり，歓声をあげる。いや，小関裕太がメインで歌う楽曲が流れた時点で

図 7.2 ファンサービスシーンへの反応

すでに顔を見合わせ，歓声をあげていた。何度も繰り返しライブ映像を観ているのだから，おそらく記憶しているのだろう。お互いに相談することなくペンライトの色を小関裕太のカラーにいそいそと変える。最推し俳優の小関裕太による客席に向けたファンサービスの場面では，両者ともに身体を仰け反り，打ち抜かれたかのように手を胸にあて，歓声をあげる（図 7.2）。

このとき，ペンライトの振り方は両者それぞれバラバラだ。

ライブ会場で購入したおそろいのペンライトをせっかく持ち寄ったのに，ふたりの上下動が合わない。ひとりがペンライトを上げる動作に入っているときに，もうひとりは下げていたりすることは当たり前だ。ひとりのペンライトが 1 往復するあいだに，もうひとりのペンライトは 1.5 往復していることもある。せっかく集まって一緒に擬似的なライブ会場の雰囲気をつくっているのに，とにかく上下動のタイミングがバラバラなのだ。最推し登場ゆえの興奮のあまりか，ペンライトを持つ右腕を高く天にかざし，そこで動作をキープしたり，楽曲のリズムに合っているのか否かあやしいものの，ペンライトを小刻みな上下動でブンブン振ったりしている。上映会の最推しシーンを細かく見ていくと，参加者 2 人のペンライトの

動きが同期するシーンはほとんどないと言っていい。

　ペンライトの挙動が同期するからこそ，何人かでわざわざ集まる上映会は愉しいのではないのだろうか？　フィールドワーカーはそう思っていた。しかし，ふたりのペンライトの上下動が合致する場合の方がイレギュラーなのだ。ライブの疑似体験として上映会をとらえると見逃してしまいそうだが，細かく区切ると，意外なことが見えてくるものだ。

推し不在時の同期

　ふたりの共通の最推し小関裕太が登場したシーンで，歓声をあげたり，ファンサービスを全身で受け止めたりする場面は，ゼミの他の学生やわたしが見ても明らかに愉しそうだ。しかし残念なことに，最推しメインの楽曲は2分30秒しかない。推すという行為は，儚い。問題は，あと2時間25分以上ある映像のなかに，どのようにふたりの愉しみをつむぐかだ。最推し小関裕太がメインで出演するわけではない時間だ。

　最推しの小関裕太にふたりで存分に声援を送り，この日の上映会の目的のひとつは果たせた。ここからふたりの，青柳塁斗を中心に据えた見事連携が始まる。ついに「るーいーとっ！」場面の面白さに迫ることができる。最推し小関裕太への絶叫を経て一息ついたふたりは，青柳塁斗の登場シーンを目にする。この時，特に相談なく，一方が「るーいーとっ！　るーいーとっ！」とコールを発して推し始める。もうひとりもほんのわずかに遅れて「（…）いーとっ！　るーいーとっ！」と瞬時にコールを重ねる。「るー」のときはひとりの声しか聞こえないが，「いーとっ！」からはふたりの声が重なり，「とっ！」できっちり合う。このとき，ふたりのペンライトの上下動もほぼ同期している。さっきまであんなに自由にブンブン振っていたのに。まるで，声援やペンライトの動きを通して，

いま一緒に推すべき俳優を青柳翔斗に設定することを「提案」し，その設定を瞬時に「承認」しているかのようだ。

　最推しが登場する以外の場面において誰を当面の推しの対象にするかは，上映会の時間の流れを形作る。最推しの登場シーンをどのように愛でて，どのように愉しめばよいかは十分にわかっている。ふたりで集まっているものの，各々が推したいように推すことをお互い許容しているかのようだ。問題は，最推しではない俳優の楽曲場面をどのように愉しむかだ。最推しのように自由に推して良いと言われても，そのスタイルがわからない。

　では，「るーいーとっ！」の同期はいかにして生じたのか。「るーいーとっ！」の場合，ふたりのうちのひとりが「るー」と発してペンライトを上げることで，観察可能な愉しみ方が提示された。そして，その愉しみ方にもうひとりが対応し，「（…）いーとっ！」と途中から声援を重ね，ペンライトが振られた。コールはふたりの間で即興的に提示され合い，上映会の時間の流れを形成していった。こうして共通の推し以外の俳優の推し方を相互に提示し合い，お互いがお互いの動きにのることで，2時間30分のライブの愉しみがつながっていく。

「確か，金子大地がいた」

　上映会の参加者のひとりが，カラオケボックスのデュアルモニタをおもむろにペンライトで指し示して発する。ゼミで学生に確認したら，金子大地は，ふたりの最推し小関裕太と映画で共演した俳優であり，そのためふたりとも注目している，とのことだった。
「何色？」
「確か，金子大地がいた」という片方の発話に対して，もう片方は色を問う。ペンライトの色だ。金子大地のイメージカラーを問うと

いうことで，「確か，金子大地がいた」という発話を，金子大地を当面の推しと設定するオファーとして受け止めたことを示してくれる。「次は金子を推すのね」といった明確な発話ではない。金子のイメージカラーを聞き返すことによって，ひとつ前の「確か，金子大地がいた」という発話が提案であることを理解し，提案を受け入れることを伝えていたのだ。

　発話の意味は，発話の連鎖によって決まる。

　Ａ「ちょっと寒くない？」，Ｂ「あ，エアコン消すね」のような発話のペアは日常でもよく見られる。Ａさんの発話だけ見ると「寒くない？」と，質問，または同意を求めているが，その発話をうけてＢさんがエアコンを消すという行為に移ることで，Ａさんの発話はＢさんへの依頼や指示といった意味となる。ＡさんとＢさんのふたりの会話の文脈は，依頼と受諾になったのだ。たとえばＢさんは「そうだね」と回答するにとどめ，動かないことも可能だ。この場合は，質問と応答からなる発話のペアとなる。発話の意味は，その発話がなされた時点ではなく，他者とのインタラクションの流れのなかで決まる。

　ふたりのうち一方の「確か，金子大地がいた」という発話を提案とし，その提案にもうひとりものる。このことで，ふたりはペンライトの色を変え，最推し不在のライブの時間の流れを，金子を推すという時間の流れへと変化させたのである。いつもは早送りし，それほど注視していないシーンであるため，次に何が起きるのか確かな予測はつかない。しかし，複数の人びとで行われる上映会の場合，誰かがライブ時の記憶を頼りに適切なタイミングでモニタを指し示し，適切な声援を送ることができたら，他の参加者もその声とペンライトに自分を添わせていくことが可能となる。

　細馬（2018）は，ファンどうしがお互いに映像に対する自分の注意のありかを発語と指差し，動作によって表し，その交換を通じ

て，次第に映像に対する注意の解像度を上げていく相互行為として上映会を分析している。さらには，発語と指差しの交換を通して，自宅でひとりで観ていたのとは全く異なる，いくつもの焦点のある映像鑑賞能力を知らず知らずのうちに身につけていく過程であるとも述べている。

ライブ映像を愉しむふたりの声援や動作の発生にはほんのわずかなズレがあるものの，うまいこと帳尻を合わせつつ，声援とペンライトの上下動の同期が起きていた。このように最推し以外のシーンでは，声と動作をなんとか即興的に同期させ，気持ちを昂ぶらせるポイントをふたりで創造していくことになる。お互いの知を少しずつすり合わせながら，ライブ全体をとらえるための解像度を上げて鮮明にしていく。そうすることが，ひとりでもできることをわざわざ集まって行う，ファンの活動の醍醐味なのだろう。

「るーいーと！」のようなコールや，上映会の時間のそこかしこで起きる声援は，ライブの若手俳優に投げられているだけではなく，ファンの友だちと感情を同期させるためにも用いられている。予測可能な感情の昂りと，打ち合わせもないままに生じる即興的な声援や動作，これらを同期させて共有できることが，複数で集まる上映会ならではの歓びとなる。

ファンどうしがつながる意味

ペンライトの振りを，ただひとりのファンが推しに声援を送ったり愛情を移送したりするための行為だと考えると，なぜわざわざ複数で持ち寄って振っているのかをうまく理解できない。しかし，ペンライトの振りを「他のファン友達のかけ声と同期するための行為」だと考えると，その意味が面白く見えてきそうだ。

認知科学において，身体と認知の関係は重要なテーマのひとつである。人がふたり以上でしゃべっていたり，映像メディアを利用し

たりする様子を目にすると，とりあえず，手の動きや身体の姿勢をじーっと観察してみる。たとえば言葉が口をついて出てきたときに，言葉に合わせてどんな「モノの移動」や「身体の動き」が起きているのか目を向けるよう試みる。何気なくやりとりされたかに見える声や振る舞いは，その当人も意識しないうちに巧みにコントロールされている。

細馬 (2014) は，ひとつのメニュー表を 2 人で共有する状況において，どのように「ページめくり」が達成されているのかを分析している。あわせて，日常生活において発話と動作がそのような形式で相互行為の時空構造を組織化しているのかが考察されている。細馬 (2014) の実験では，レストランや喫茶店でひとつのメニューを共有する状況で，同じ冊子に同時に手をかけて 2 人同時にページをめくる様子や，相手がページをめくっている最中に手を伸ばしてめくる行動を制する場面が観察されている。この実験を通して，いかにわたしたちがページめくりのタイミングをお互いに調節しているかが示されている。

生活のなか，特に遊びの場面において，わたしたちは多数の「この先どうなるかわからない可能性」に開かれている。身体は常に変化する環境にさらされており，そのなかでの動的対応を余儀なくされている。ある特定の身体がある特定の環境のなかで特定の情報をピックアップして動的対応をする過程は 1 回きりの出来事であり，経験する当人もうまく対応できたかどうか，なぜ対応できたのか，よくわからないまま過ぎていく。

上映会におけるふたりの同期は，ズレから始まる。相手がし始めたことに気づき，少し遅れて相手の動きに自分の動きを重ねていき，帳尻をうまく合わせる。「るーいーとっ！」の声援や，それに伴うペンライトの上下動は，その開始時から同期していたわけではない。ズレから始まり，そのズレを認識し合ってお互いに調整し合

うことを通して同期することで，ひとりでは味わえない気持ちの昂りが生まれる。

> 他者とは私の意思で動かない身体のことだ。自分の意思で動かせない他者同士が共同でパフォームするためには，前もってのプランやプログラム，プロトコルだけでは対応できない。……即興的な共同性が創造的であることを強調したい。事前のプランでは対応しきれない，私の意思では動かせない私の外の人のものごとと協調していくことは，きわめて創造的（クリエイティブ）だ。プランでは対応できないそうした外部での即興的な共同には，プランの反意語としての創造がどうしても必要になる。
>
> （有元，2019，pp. 143-144）

上映会に先立って，ふたりでプランをたてて，綿密な打ち合わせをし，なんならリハーサルも重ねて，逸脱しないようにピタッと声援と動作を合わせたとしても，即興的で共同的な同期の結果の気持ちの昂りには追いつけないのではないだろうか。実際のライブ会場においても，パフォーマーと観客みんなが一斉にミリセコンドの狂いもなく，まるでプログラムされていたように腕やペンライトを振り上げたとしたら，かなり気持ち悪い状況になるだろう。不気味さにまず目がいきそうだ。

　綿密なプランをたてるのではなく，上映会の進行中，相手と自分とのあいだで行おうとしている行動のために，相手の注意をナビゲートする必要がある。上映会の映像を見ると，「るーいーとっ！」という即興的な声援のために，ペンライトを「るー」で下げて「いー」で上げて，また「とっ」でわかりやすく下げている。こうすることで，お互いの注意と行為をうまくナビゲートしてあげることができたのだろう。

　片方の「るーいーとっ！」のコールに遅れて，もう一方が「……いーとっ！」と途中から加わること，学校の帰りの会で「……よーならっ！」と遅れて発生すること，こうした一見取るに足らないズレと，そのズレの認知と瞬時の協調は，日常生活における創造的な活動だ。単なるズレ，遅れ，非同期と退けてしまっては，見逃してしまう創造性だ。参与者どうしの意図がズレたかのように見える瞬間と，その瞬間へのまさに「臨機応変な動的対応が，クリエイティブなのだ。人は誰もが，日常生活で，柔軟な思考や臨機応変な行動を『ふと何気なく』繰り出しているのだ」（諏訪，2018）。ズレているからこその創造は，愉しい。

　2.5 次元ミュージカルの若手俳優のファンは，ライブ映像をタネにして，カラオケボックスで 2 時間も 3 時間もコミュニケーションを愉しまなければならない。ならない，というよりも「愉しみ続

けたい」のだ。そのためには，映像に登場した俳優を推すか否かを
いちいち明確に聞くと，少し興ざめしてしまうこともあるようだ。

　明確な推し方を逐一言葉で発しないため，「声援を送るタイミン
グのズレ」はどうしても起きてしまう。ただし上映会の映像からは
「他者との遊びを愉しむ」人びととならではの「知的な身体」が見え
てくる。複数のファンが集まり，ひとりでもできる映像視聴をわざ
わざ一緒に行う際の身体動作にまつわる知は，自分も相手も不快な
気持ちにならぬよう，そして愉しみを享受できるよう，即興的に感
情をマネジメントするための知ともみなされる。

　上映会という集まりは，ファンどうしの遊び方の愉しみや歓びを
うまく表している。アイドルや俳優を疑似恋愛的に愛好するだけでは
なく，2000年代になると，対象から一定の距離を保ち，メタレベ
ルの視線から対象の周辺の関係性を消費する「観察者」としてファ
ンは姿を変えてきている（辻，2012）。ファンの観察者化により，
ファンたちはファンどうしの交流を盛んにし始めた。その結果今日
では，ライブに行く，CDを買うといった対象と直接結びつくモノ
の消費だけではなく，対象を介したファンどうしの遊びを通して関
係の消費を行っている。ロケ地の聖地巡礼や，もちろん上映会は，
わかりやすい例だと思われる。このように，ファン文化の研究で
は，ライブや握手会といった時間にとどまらず，ファンどうしがい
かに日常的に遊んでいるのかが重要視されている（小川，2018）。

　上映会のブルーレイ視聴にかかわる即興的な知のありようや知の
あらわれ方をつぶさに見ていくことで，観察者化したファンがいか
に他者と愉しんでいるかがわかる。さらには，即興的な共同を愉し
むことを通して，ファンの観察者化が加速，深化するのかもしれな
い。上映会のような観察者化したファンの活動を理解していくため
に，ファンどうしの即興的なインタラクションを分析の俎上にのせ
ることは，ファン文化の理解において興味深い。

ここまで，ひとつのライブ映像をふたりで一緒に観る時のペンライトと声援の相互行為を，ファンどうしが集まることによる愉しさを共有するための身体的な知のあらわれとして考察した。あらかじめ予測して対応することができず，自分の意思でコントロールすることも不可能な他者と協調して物事をなしていく相互行為は，きわめて知的である。ファンどうしが複数人でライブ映像を見て盛り上がる際，登場するアイドルやライブ自体への関心とともに，自他の身体動作を見ながら，いかにお互いの愉しさを削がないようにするかもまた関心の対象となる。さらに，声援のズレのような相互行為上の失敗が生じた際は，適切なあわいで円滑に修復される必要がある。

　本章で観察したファンどうしの集まりは，言葉だけでなく，手の上下動や顔の向きでもお互いを肯定し合う場であったといえる。彼女らは言葉だけで他者と協調するのでもなく，また身体だけでもなく，言葉と身体で多層的に協調していた。この多層的な協調の先に，ファンどうしの関係性の快楽に基づく愉しさが顕在化されていた。微細なやりとりのなかに，自分たちがより愉しく生きるために，関係性の快楽を実現する多層的で即興的なインタラクションに臨むファンの今日的な姿を描くことができる。

---

33) 言葉と意味を別物としてとらえ，意味は容器としての言葉のなかに入れてパイプラインを流れて送られるものであるとみなすことを「導管メタファー (conduit metaphor)」と呼ぶ。

興味と学習

―コントロールを手放す

第8章

8.1 興味に衝き動かされた活動

同人誌を描き愛好する腐女子，コスプレイヤー，プリクラや上映会といったそれぞれの日常生活世界のフィールドワークを通して，次のことがらが見えてきた。

(1) 興味と欲求はスケジューリングしにくい

本書で対象としてきた腐女子には，何気なく目にした小説やアニメなどの作品から，書きたい欲求が生まれることがある。またコスプレイヤーも，ふと，衣装製作を通してキャラクターへの愛を表現したくなる。明確な興味や欲求に駆られて作品を手にしたり視聴したりすることもあるかもしれない。しかし多くの場合，なんだかよくわからないまま，気づくと作品に巻き込まれている。所与の興味や欲求が形成されてから作品に手を伸ばすというよりも，たまたま「わたし」が作品に触れることで，作品もたまたま「わたし」の興味と欲求に触れてくる。興味と欲求はスケジューリングしにくい。あらかじめ美味と不味，要と不要とに区分できるほどすっきりしていないうえに，日常には無用の用も溢れている。

(2) 興味と欲求は他者との相互行為のなかにある

創ることへの興味や欲求の多くは，ひとりぼっちの活動のもとで観察されるのではなく，他者との相互行為に埋め込まれている。時

に，創作が開始されるものの，方法が思いつかない場面もある。しかし，ソーシャルメディア上に転がる執筆のタネ，縫製や造形に関するアイディアから，一気に製作の欲求が増大することがある。杉山・森・山内 (2019) に沿えば，ソーシャルメディアや体面的活動を通してつながり，お互いの自律的な活動が目に入る「刺激的な隣人」がインフォーマルな学びの欲求を生む。作品そのものでも，作品のなかのキャラクターでも，なんらかの対象に興味を覚えると同時に，同じ対象をベースにした他者の創造的な活動も目に入ってくる。他者の活動やアイディアの意味が見えてくる。瞬時に，興味のゾーンが開かれる。

(3) 興味と欲求は交歓を通して継続する

　興味のゾーンは運動する。他者の活動や，他者の優れたアイディアを創造的に専有した人が，時に，自分の活動を差し出す。他者のアイディアに対して謝意を返すだけではなく，また異なる誰かにも活動を開く。こうして，誰かのスケジュールされていなかった興味と欲求が芽吹きだす。ギブを受け取り，受け取った愉しさや歓びを譲り渡し，ギブを差し出すことを歓ぶ。この「交歓」を通して，人びとの集まりは静かに色彩を帯びていく。

　活動の継続は，共通の興味を持った他者との相互行為によってなされうる (青山，2018)。常に固定したファシリテーターがいるわけではない。誰かに「させられる」わけでもない。コスプレの撮影会やプリクラブースのポージングにおいても，誰かの身体の動きを受け取り，自分だけでなく他の人にも目に見える形で差し出していくことで，場に愉しさと歓びが踊る。

　愉しさと歓びを個体主義だけで片付けない視点は，相互行為を前提とする認知科学ならではである。腐女子やコスプレイヤーの事例で見てきたように，興味のあることに誘われて，なんらかの意味

ある活動の欲求がわき起こるプロセスは，美しい。しかし自分自身の経験を振り返る限り，今日の産業主義的な価値観がちらつく世界では，興味に基づく活動に向かう欲求はそれほど簡単に生じえないし，また欲求を継続することはさらに難しく思われる。

操作的な道具

　イヴァン・イリイチは，急速に発展したテクノロジーと，テクノロジーの発展による産業主義的な思考様式を批判的にとらえた研究者のひとりである。イリイチは，『コンヴィヴィアリティのための道具』において，産業主義的な生活様式それ自体だけではなく，多様なコミュニティや地域の慣習や文化を無視した，産業的な価値観の一辺倒な押し付けを批判的にとらえている。山本 (1990) に従えば，「最高速度を最適であると決めつけてやまないあり方」による一辺倒な押し付けである。産業原理に基づけば，最高速度は最適速度である可能性が高い。しかしわたしたちの住まう世界は，「より速く」，「より大きく」，「より強く」進むことを求めるコンテクストだけではない。それぞれのネットワークや生活圏において，最適速度は異なる。最高速度が，必ずしも最適速度であるとは限らない (山本，1990)。

　コンヴィヴィアリティとは，ともに生き生き愉しくしている共愉の状態をさす。イリイチは「産業主義的な生産性の正反対」を表す言葉としてコンヴィヴィアリティを用いている。コンヴィヴィアリティという語には，各人のあわいの自立的で創造的な交わりと，各人の環境との交わりの意味がこめられている。

　イヴァン・イリイチが "Tools for Conviviality" を出版したのは1973 年である。イリイチは，1960 年代以降の急激な技術革新と社会変化を受けて，わたしたちが「膨張する産業主義的な道具の支配から逃れることができない」状態にあったと言う。たとえば，「こ

の講義を履修するとどのような力がつくのか」といったことがらまで厳格な記述を求める大学のシラバスという道具は，ともするとそこで学び教える人びとを，プランの単なる付属物に変えてしまう。このような「産業主義的な道具」のことをイリイチは「操作的な道具」と言う。

　産業主義的な道具，または操作的な道具と，コンヴィヴィアルな道具をとらえるために，ジーン・レイブとともに正統的周辺参加論を編み上げたエティエンヌ・ウェンガー (1990) による保険会社におけるエスノグラフィを見ていきたい。

　ウェンガーは，保険請求を処理するオペレータと，彼らが用いる保険請求処理のために必要な計算式が記された COB (Coordination of Benefits) シートで構成された窓口業務を分析している。ウェンガーによれば，保険の支払い金の確定には，加入している保険プランの数や，それぞれに対する支払額，また勤務した企業数，扶養家族の有無などに基づく，かなり複雑な計算式が必要となる。このため，オペレータには保険請求処理をすばやくこなすために，ひたすら COB シートに数値をあてはめることが求められた。一方で，COB シートの計算式の背後にある，保険会社の組合や医療と

いった保険業務の利害に関係する人びとや組織との関係からオペレータは疎外されていた。端的には，どうして COB シートにある計算式になっているのか，その意味の理解までは至っていなかった。オペレータたちは，COB シートを取り巻く関係組織の理解よりも，すばやく計算をこなすことに注力していた。

　すなわち，COB シートを用いた仕事に「参加」して注力すればするほど，COB シートの計算式の意味や，その背後にある組織や人との諸関係への「参加から遠ざかる」という逆説的な関係が生じる。こなさなければならない課題に対して迅速に対応する能力があればあるほど，処理係は，なぜそのように COB シートに記載して，計算しなければならないかが不透明になっていく。言い換えれば，COB シートという道具の意味がわからなくても行為可能になる。このように，ある実践に対して有能な人びとが，他の関係する実践を含んだ全体の布置を眺めることができず，かえって周縁的な存在となり実践から遠ざかってしまうことを，ウェンガーは非参加のアイデンティティ (identity of non-participation) と呼ぶ（岡部・加藤・木村，2014）。

　COB シートは，保険請求係において，スムーズな対応のための業務遂行に不可欠な道具である。しかし，保険の支払額を間違いなく計算するという限定的な意味しかもたない道具でもある。さらには，そのシートの意味を処理係自身が探究するような事態にはなかなかならないことが予想される。1990 年に発表された論文の事例であるので，数十年前は，保険請求処理係が COB シートの付属物のような実践になっていたことが推測される。一方で COB シートは，保険請求処理のスピードを上げ，スタッフの入れ替わりの多い職場であっても一定の効率を維持できる。COB シートは，イリイチの言う「操作的な道具」となる。

共愉的な道具

操作的な道具と対になるのが「コンヴィヴィアル（共愉的）な道具」である。コンヴィヴィアルな道具の定義をあらためて確認すると，「それを用いる各人に，おのれの想像力の結果として環境を豊かなものにする最大の機会を与える道具のこと」（イリイチ，1989）である。共愉的な道具とは，それを使うことで誰もが生き生きとした暮らしをすることができるような道具である。イリイチは，わたしたちの自由の範囲を拡大するような道具，自分たちとともに働いてくれる新しい道具から，産業主義的な道具，操作的な道具の再考を迫る[34]。

> 道具は，使い手によって選ばれた目的の達成のために，必要ならひんぱんにでもまれにでも，誰によっても容易に使われる度合いに応じて，コンヴィヴィアリティをはぐくむ。ある人によるそういう道具の使用は，ほかの人がそれを同等に用いることを妨げない。そういう道具は使用者がまえもって許可をとることを必要としない。そういう道具が存在するからといって，それを使わねばならない義務が課されるわけではない。それは使用者に，彼の意図を行動のかたちで表現することを許すのである。
>
> （イリイチ，1989，p.40）

イリイチ（1989）によれば，「人びとは……自分とともに働いてくれる新しい道具を必要としている。各人がもっているエネルギーと想像力を十分に引き出すような技術を必要としている」。機械の力が大きくなるにつれて，人間の役割が単なる消費者になるのではなく，機械と一緒にわたしたちもワイワイ愉しく活動できる。

なお，『コンヴィヴィアリティのための道具』の「道具」の意味

する対象は，COBシート，コンピュータ，インターネットといった，はたまたペンやコーヒーカップといった，わたしたちが道具と聞いてパッと思い浮かぶものだけではない。イリイチの道具の概念のなかには，「学校の制度」や「教育サービス」も含まれる。

> コーンフレークとか電流とか触知しうる商品を製造する工場のような生産施設と，"教育"とか"健康"とか"知識"とか"意思決定"とかを生みだす触知しえない商品の生産システムとを，道具のうちに含めるのである。
>
> (イリイチ，1989，p.38)

　イリイチは，「人びとの知識水準を定義したり計ったりする機関の権威」をわたしたち民衆が受け入れてしまう状態を学校化(schooling)と言う。学校化とは，より多くのパッケージ化された教育サービスの生産と消費が，生活の質を高めてくれると信じる状態である。学校化という道具＝制度は，学ぶための手段であった学校を，入学すること，所属すること，通うこと，卒業することというような目的に変える。学校化が極端に行き過ぎると，学習は「生産性を上げる」ためになされるものとなることが予測される。直線的な時間の流れに生き，将来の産業主義的な価値，効率化のみにつながることの「ための」学習がひょっこり顔をのぞかせる。イリイチによれば，わたしたちが学校化を疑うことなく，自分たちに教育が必要だと認識するようになると，カプセル化された学習は商品として世の中に流通するようになる。学ぶことと将来の生産性が均しく結ばれる。学ぶことが，消費の対象になる。

　過度に「ために」にとらわれた学びから向けられる視線は，インフォーマルな無用の用を伴う活動に冷たい。「ために」の学びは，形式的に教えこんでもらわねばならぬ事象だからだ。イリイチに

よれば，産業主義的な世界における，画一的でカプセル化された学びは，ヴァナキュラー (vernacular) な価値を破壊する。ヴァナキュラーな価値とは，「その土地の暮らしに根ざした固有の」（イリイチ，1981）価値のことである。プレモダンな社会では，ヴァナキュラーな自分の暮らしのなかで，自分で「使用」するために「生産」していた。一方で産業社会においては，（たとえば工場のラインにおける生産のように，）他の誰かの消費のためだけに生産することになる。産業的な社会において，「バナキュラーなものは，空間的に言えば，現在，周辺へ追いやられ，貧しいこと，愚かであること，怠惰，といったものとして価値づけられ，……追いやられている。時間的に言えば，産業化の発展，進歩，発達のなかで殺戮されようとしてきたものだ」（山本，1990）。こうしてわたしたちは，生産性や効率のような良きことの約束がある場合に，前に進むようオペラント条件づけ（報酬や懲罰による自発的な行動変化）される。

イリイチの言う「ヴァナキュラーな価値」を拡大して解釈すれば，将来の生産性のための学びだけではなく，わたしたち自身の生活における自律的な学びにも価値がある。イリイチは，「コンヴィヴィアルな社会にとって基本的なこと」として，「操作的な制度と中毒性のある商品およびサービスが，全く存在しないということではなくて，特定の需要をつくりだすような道具と，自己実現を助ける補足的・援助的な道具とのあいだのバランスがとれていること」（イリイチ，1973）を重視する。確かに，パーソナルコンピュータは自らの創造的で自律的な生成を可能にする道具である。ただし，その創造的で自律的な生成の背景には，商品として消費しているアプリケーションや開発用ソフトウェアなどの存在がある。同様に，アニメ，マンガ，ゲームなどの商品の消費を通じて，腐女子は優れた再解釈を歓び，二次創作に向かう創意と工夫を生成する。

学校化と学ぶ自律性

　ここまで見てきたように，イリイチにならえば，生活における自律的な学びと生産性のための学びを価値中立的にみなすことができる。イリイチは，「新しいフォーマルな教育制度の一般的特徴」として，次のように表現している。

> ……すぐれた教育制度は三つの目的をもつべきである。第一は，誰でも学習をしようと思えば，それが若いときであろうと年老いたときであろうと，人生のいついかなる時においてもそのために必要な手段や教材を利用できるようにしてやること，第二は自分の知っていることを他の人と分かち合いたいと思うどんな人に対しても，その知識を彼から学びたいと思う人々を見つけ出せるようにしてやること，第三は公衆に問題提起しようと思う全ての人びとに対して，そのための機会を与えてやることである。……身元などの証明書や家柄や門閥にかかわりなく学習者が利用できる学習経路，すなわち――彼のすぐ近くにいない仲間や目上の人々をも利用できるようになる公共の広場――であるべきである。

（イリイチ，1977, pp.140-141）

　イリイチは，学習の平等な機会を opportunity web（機会の網の目），learning web（学びの網の目）という言葉で表している。今日の WWW のネーミングもまた，イリイチの learning web の影響を受けている（古瀬・廣瀬，1996）。学びに臨界期を設けず，何を学ぶかとともに誰と学ぶかを想像し，つながる機会を創り続けることを重視する。さらに，その機会は学校だけに限らず社会に遍在している。学びの場として，学校と学校外のどちらかがどちらかに勝るという発想ではない。

単に既存の学習環境のネットワーク設備を充実することで教育サービスが改良されるということではない。イリイチは，特定のメディアやデジタルツールを再デザインするだけで，学習が活性化するわけではないことを示唆する。社会的，経済的状況を広く考慮することなしに，特定のメディアやデジタルツールを配置することだけに集中しているうちは，制度としての学校化の枠組みのなかにある点では変わらない。イリイチのコンセプトの興味深い点は，学習環境への単純な技術のあてはめによって，生成的な学習が進むわけではないという前提に立っているところにある。

イリイチの「脱学校の社会 (deschooling society)」は，「学ぶ自律性」を取り戻すことにその本意がある。よって，単に学校の存在を否定し，学校を不要とするような議論ではない。学校化とは，学校の社会化を意味する。すなわち，学校に行くことや，学校で教えられたことにのみ価値があるとみなして思考停止することを指している[35]。その結果，教育や学習は商品，サービスとしての消費対象となり，わたしたちは，ひたすらよりよい教育サービスを追い求めることとなる。イリイチの言う学校化とは，学習を消費対象とみなすことによる，自律的な学習からの疎外を指す。

つながりの学習

イリイチの思想も汲みつつ，学び手の興味のあることと，社会的な（市民参加型の）活動とを併置し，結びつけようとする挑戦的なデザイン実践が，米国のカリフォルニア大学アーバイン校に拠点を置くコネクティドラーニング・リサーチネットワークのチームによって展開されている[36]。このチームは，人びとの行為を環境や状況と切り離さずにとらえようとする社会文化的アプローチに依拠して，「つながりの学習」(Connected Learning) というコンセプトのデザイン実践と研究を行っている (Ito, et al, 2013)。彼らのコン

セプトを読み解くためには，「つながりの学習」で紹介されている，クラリッサの事例がわかりやすい。

　クラリッサは，サンフランシスコの中所得者層が集まるベイエリア郊外に住んでいる 17 歳の学生である。彼女はファンタジー小説に熱中していて，日々読みふけっていた。高校生の日常として思い描くことができる，ありそうな光景だ。クラリッサが少しだけ特殊だったのは，Faraway Lands というオンラインのフォーラムに足を踏み入れていたことだ。Faraway Lands では，同じ興味を持つ仲間たちからアドバイスをうけ，批評し合いながら作品を執筆することができる。学校にも同じ興味の友達はいたのかもしれない。しかし，たとえば日本とくらべると，放課後にクラスメイトとファストフード店でおしゃべりして過ごす機会もそれほど多くないだろう。さらに悩ましいことに，クラリッサの住まう地域では犯罪が多発し，近所の友達と集まって創作するということも現実的ではなかったようだ。マニアックな興味，または専門的な関心であればあるほど，ローカルな地域で興味を深める機会やサポートを得ることは大変である。

　クラリッサは，同じような興味や関心を持つ仲間どうしで，共愉的に物語の執筆を進められるオンラインの Faraway Lands に飛びついた。オンラインサイトに集う人びとは，創作した物語のプロットや登場人物，細部の表現を批評し合い，作品を仕上げるために必要な情報やリソースを交歓する。Faraway Lands は，創作に必要な知識や情報にアクセスするための障壁がとても低いのだ。クラリッサもまた，彼女がオンラインで出会った人びととの集合的な能力によって筆を進めることができ，作品を仕上げる歓びを味わった。

　なお，おまけの話として，クラリッサは Faraway Lands において仕上げた作品を高校の授業課題として提出したようで，さらには，リベラルアーツの伝統ある大学の入試で作品を提出し，見事に

合格した。

　小説を書く活動の愉しさや歓びの多くは，個々人の認知だけではなく，他者との相互行為に埋め込まれている。ネットワーク化されたデジタル環境における，クラリッサの集合的な執筆活動の事例は，つながりの学習のコンセプトをつかむ好例である。単に，学校以外のオンラインにおける創作活動が，高校や大学の学校的な学習とつながったという解釈だと，クラリッサの興味を「規格化された学習」に従属させるだけになってしまいかねない。クラリッサの事例には，日常生活世界の興味と，創造や学習の機会との結びつきによる「興味に衝き動かされた学び (interest driven learning)」(Barron, 2006) が含まれているが，その学びの価値や道筋はやや曖昧である。つながりの学習は，むしろ，クラリッサの興味やパッションが「共通の目的 (shared purpose)」を持つピアや経験の長い人びととつながることで，クラリッサが，クラリッサ自身の学びの価値や道筋を生成していくことを実現しようとしている。

　つながりの学習のデザインにおいて，クラリッサの参加したFaraway Lands のような共通の目的を持つアフィニティ・ネットワークは，学校と地続きで並置される。個々人の興味，仲間，社会的な機会を，デジタル化，ネットワーク化された空間において（も）つなげていき，学びの公平性を保つことも，つながりの学習の中心設計のひとつである。

　クラリッサの事例に見られることは，インタビューに協力してもらった腐女子，コスプレイヤーの話からも聞かれた。現在であればソーシャルメディアで同人誌作家と直接コミュニケーションをとることができる。インターネット利用が一般化する以前においても，同人誌作家どうしが手紙やお互いの作品を送ったり，ファンが定額小為替を利用して同人誌を購入したり，ファン通信を受け取ったりと，共通の目的を持つ仲間とのコミュニケーションがなされていた。

はがきからコンピュータやスマートフォンへと利用する媒体を変化させながら，腐女子たちは分散的につながってきた。何ものか中心となる立場の人や組織がいったん情報を取りまとめて，ファンたちが享受する集権的なやり方というよりも，共通の興味のもと個々人がつながり，どんなつながりがどれくらいあるか，よくわからないままで情報が共有されていた。個々人の情報公開，情報のギブとゲットこそが活動の継続を支えるマインドの根幹であり，そのために利用可能な制度や道具をうまくあてはめていた。

ハリー・ポッター・アライアンス

　クラリッサや腐女子などが自然発生的に行ってきた活動のフィールドワーク (Ito, Okabe, and Tsuji, 2012) をふまえながら，コネクティドラーニング・リサーチネットワークのチームは，興味に衝き動かされた活動がいかに可能となるか，試みている。

　まず，つながりの学習のデザインは，デザインと言いつつ，オープンなネットワーク環境のもと，作品を創り，発信し，コメントをする機会を提供することを繰り返している。つながりの学習は，学校それ自体や，学校における知識のゲットを排除するわけではない。学校とは opportunity web の一部なのだ。自分の興味に衝き動かされて，ワイワイと節度のある自律的，生成的な愉しみとしての学びを回復するための今日的な議論である（表8.1）。

　表8.1のような活動の環境のもと，つながりの学習のチームでは，オンラインゲームの『マインクラフト』や，『ハリー・ポッター』作品のファンダムといった，人びとのゆるやかなつながりにおける日常的な活動をフィールドとした調査を展開している。そして，さまざまな機関，およびオンラインコミュニティにおけるものづくりを横断して接合し，人びとの興味に基づいた領域において，仲間のサポートを得ながら，それを社会参加へと結びつけるデザイ

表 8.1　つながりの学習の環境

誰もが参加可能である Everyone can participate	多様な参加の方法を提供する。はじめから必要な知かどうかはわからないので，まずは参加する。
まずやってみる Learning happens by doing	必要な知識や技術かどうかは，やってみることでわかってくる。
チャレンジを絶えず続ける Challenge is constant	興味を洗練していくことで，知る必要があること，共有する必要のあることが見えてくるし，創り出される。
あらゆるものはつながっている Everything is interconnected	即時フィードバックや，専門性を持った人に触れられるコンテクストである。

ンの実験を試みている。

　つながりの学習のチームは，『ハリー・ポッター』のファンが，J. K. ローリングの著作やワーナー・ブラザーズの映画それ自体をただ愉しむことを尊重しつつ，同時に，その快楽がこうじて，自分たちの住まう世界をより良いものにすべく，ファンが社会と関わりを持つ社会参加のデザインへと接続していく可能性を見出している。たとえば，つながりの学習のレポートでは，興味に衝き動かされ，社会参加につながる事例のひとつとして「ハリー・ポッター・アライアンス (HPA：Harry Potter Alliance)」が紹介されている。『ハリー・ポッター』のファンを中心としたこの同盟では，たとえば原作に登場する「アクシオ」という物を空間移動させる呪文を文字って，アクシオ・ブック・ドライブ (Accio book drive) という活動を展開している。これは，ハリー・ポッター・アライアンスのメンバーによって企画された，87,000 冊以上の図書を地方や他国に寄贈（空間移動）するキャンペーンである。『ハリー・ポッター』のファンだからこそのユーモアのある発想で，社会的な活動につなげた事例として興味深い。

　ただしここでもまた，ファンの快楽を社会参加という目的に従属

させることだけを設計したり，分析したりしているわけではない。ファンがただ愉しむこと，快楽を得ることは，それ自体として重要である。そして，ファン自身が，そうすることが愉しいがゆえに，社会参加というコンテクストに（自身の快楽を）供出していくことを重視している。つながりの学習は，社会参加という（客観的に見ても価値のある）活動において，愉しさや快楽という主観的なことがらを本人が手放さないあり方に，これからの社会における価値生成のひとつの姿を見出している。

8.2 共愉的な身体をつくる

イリイチの議論は，産業主義的な世界を，絶対的な実在物としてとらえる視点を一旦停止してくれる。つながりの学習は，わたしたちの知が文化やコミュニティに相対的であること，そして生成的であることをあたたかく示してくれる。

ユクスキュルは「環世界」のコンセプトを通して，不変の実在としての世界を一旦停止した。わたしの見ている世界は，もしかしたら，操作的な道具を当たり前のものとして疑わないものかもしれない[37]。イリイチによれば，人びとが学校化を疑うことなく，自分たちに教育が必要だと認識するようになると，カプセル化された学習は商品として世の中に流通するようになる。学ぶことと将来の生産性が均しく結ばれ，学ぶことが消費の対象になる。

ユクスキュルが人間の環世界に言及しているように，同人誌作家の環世界や，コスプレイヤーの環世界を想像してみよう。たとえば，必要な知識や技術は，創ることを通してわかってくる。あらかじめカプセル化された知識を効率よく吸収することは難しそうに見える。機会や権利を得た者だけが参加できるのではなく，誰もが参加可能なオープンなネットワークが広がっている。仲間と一緒に創ったり，一緒にパフォーマンスしたりする活動を通して，彼女らの

アイデンティティが生成されていく。同人誌作家やコスプレイヤーの行為は，彼女らの活動に不慣れな人たちにしてみれば奇異に感じられることもある。

　彼女らは，直線的な時間の流れ，産業主義的な価値や効率化を厭世的に眺め，距離をとるためにオルタナティブな世界をデザインしたということでもない。産業主義的な世界で生活を送り，その片隅で共愉的な生活を過ごしている。二重の生活ではなく，互いに溶け合っている。1本の境界線で区切られるような，2つの生活世界を往来しているわけではない。わたしたちもまた，画一的で普遍的な世界に支配されつつ，その世界だけに生きているわけではない。

浮遊する活動

　純粋に遊びを愉しむことは，それほど簡単なことではない。直線的な時間の流れ，産業主義的な価値や効率化にも価値を認める世界では，遊びのなかにも「ために」が顔をのぞかせる。「生活や仕事のなかに遊びの要素を取り入れよう」，または「趣味を持とう」，「いろいろなことに興味を持ってみよう」という謳い文句が，ライフスタイルの向上のために有益であるかのように暗黒面から現前する。何かのための興味，何かのための歓び，何かのための遊び，…という発想は，共愉的に見えながら，操作的な道具として消費される可能性もある。興味に衝き動かされた (interest-driven) 遊びが，仕事に衝き動かされた (work-driven) 遊びとして消費される世界を想像してみてほしい。

　わたしたちは，ともすれば操作的な道具の魅力にはまりがちである。多様なサービスによって歓びが産業化され，歓びが消費財となる。たとえば，豊かな人生のために趣味を持たないといけない，生きがいを持っておいたほうがいい，という価値観が支配的だとしたら，自律的な歓びを想像することすら難しくなりそうだ。

役に立つ情報や，効率のよいことに価値を認めるわたしたちの生活世界において，純粋な歓びにつながる活動に時間を費やすのはリスクがある。同人誌の執筆，コスプレの衣装製作において，彼女らは相応の時間を費やしている。しかし，彼女らが費やす創造的な時間は，産業的で直線的な時間とは直接結びつきにくい「浮遊する(floating)活動」である。浮遊する活動であるがゆえに，「ために」を説明しにくい（説明する必要があるのかも怪しいのに）。

　いまここの活動の価値や意味，または生産的か非生産的かといったことは，その時点ですべて確定できるものではない。非生産的と思われるような活動であっても，参加者がそこに自分なりの意味や価値を見いだすことができるのであれば，それは偶発的，創造的な学びであるといえる（南部・大塚・富永・藤野，2015）。

　ただし，浮遊する根無し草的活動を何年も継続することは，生産性や効率に慣れ親しんでいればいるほど，実はそれほど容易ではない。共愉的なコンテクストを維持することは，意外と大変である。

　わたしたちは，無意味な計算でも解を出すコンピュータとは異なり，意味のないことをしたがらない。効率のよいカプセル化された学習のコンテクストに重きをおいていれば，浮遊する活動に足を踏み入れることは想像すらされない。なんの「ために」踏み入れるのか，理由の説明を求められそうだ。それゆえ，学校化されたわたしたちが浮遊する活動にも身を投じることには，少々のリスクが伴う。浮遊する活動は，活動に参加していない限り，一瞥しただけでは無意味さしか見えてこない。しかし，一見無意味さを伴う活動だからなのだろうか，チサトさんは，ココさんは，ユキは，アイは，…自分（たち）の活動の意味を熟考する。彼女らは自分（たち）の言葉で思考し，自分（たち）の世界を発音する。

　イリイチの論考は，普遍的な価値や良さといった存在を，いったん脇において思考することを助けてくれる。ある世界の学習や発達

の管理から距離をとる思想ともいえる。何が成長であり，何が学習や発達であるかに関しても，直線的な時間において一義に規定されることではない。もっと遊びを日常に取り入れなければならない，興味に衝き動かされた活動においても学ばなければならない，好きなことを将来の生産的な活動に結びつけなければならない，といった圧力や思い込みからようやく解放される。こうして，あらかじめ設定された目標に向かい，コミュニティや組織が活性化されたり，成長したり，常に改善され続けることだけを歓ぶ視点を疑うことができる[38]。歓びを生成する，その権限の移譲を思いとどまる。

　本書では，巧妙に日々創意工夫する人びとの活動に意味を与えてきた。そして，わたしたちがおおむね何事もなくこなしている，日常の即興的な行為を讃えてきた。同人誌の書き手は，商品としての原作を消費し，二次創作の小説を生産することで，自分の暮らしを彩る。同人誌作家の妄想と執筆の過程は，わたしたちのよく知る産業的な生活様式とともにあり，かつ，それを自身の生活様式としてとらえかえし，価値を生成していく実践である。これは，産業主義的な世界のなかで個々の生活における価値を蔑ろにせずに，自らの生活世界のなかで大切にしていく実践である。

　主義主張が見えにくく，興味に衝き動かされて創る膨大な無用の用もまた，人びとが作り出す欲望の形にほかならない。無用の用ともとれる活動は，産業主義的な基準からは非難されるかもしれない。その意味ではリスクを伴う活動である。しかしリスクをとることで，この世界の片隅で生成的に生きるための自律的で非官僚的な知を経験する。頑健そうに見える操作的な道具，産業主義的な道具だけに頼っていては，かえって生活が脆弱になってしまうことを知っているかのように，彼ら彼女らはコントロールを手放す。

はまっている人たちの学習

　世界は抑えがたい愛好精神でできている。

　対象への愛情があふれてどっぷりはまることは，「沼にはまる」と表現されることがある。偏愛の対象はアニメだったり，アイドルだったり，プラモデルだったりと，さまざまである。特定の人物やグループにいきすぎた愛を示す場合に，特に「沼」という言葉を聞く。

　ひとりでも沼の淵にはたどり着くことはできる。もしくは，一定の沼の深みを見ることはできる。他者との協働による深みは，ひとりで行き着く沼とは大きく異なる深みである。沼にはまる際，ずるずると引っ張り込まれるイメージがあるものの，おそらくとても心地よい引き込まれ方だろう。

　たとえば，ある腐女子が作品を深く読みこみ，再解釈を試みる。

　たとえば，あるコスプレイヤーが改造，弥縫の戦術を思いつく。

　誰かが思いつき，愉しそうだから実際にやってみたことに，静かに沼の淵を歩いていた別の誰かが気づく。学校，家，図書館，ラボ，多様なコミュニティ，オンラインのつながりといった興味に気づき，学習に誘われる場が，日常には存在している。興味に正統性を付与してくれる教員，保護者，世話役の大人，友達といったアフィニティ・ベースのつながりが，場にアクセスする機会を差し出すメンターやスポンサーとなる。興味に足をとめた人が衝き動かされ，特有の活動をやってみる。その際，もうひと手間，自身の愛情を継ぎたす。沼に誘われたさらに別の誰かもまた，偏愛を継ぎたす。こうして沼はどんどん深みを増し，沼に溺れながらも心地よさに溢れる場となる。

　腐女子やコスプレイヤーひとりひとりの，生真面目さとはやや距離のある興味，そしていつの間にか感じてしまっている歓びが，社会文化への参加や，つながりを通した学習を生成する。ある腐女子が同人誌を執筆，頒布する。同人誌の購入者が歓びを覚え，さらな

る（二次）創作の学習機会へと誘われる。ほぼ徹夜で衣装製作したコスプレイヤーがカメラの前で表現する。Photoshop で精巧に加工されたコスプレ写真は，オンライン上のアフィニティ・ネットワークにおいて作品として鑑賞される。両者とも，時に他者からの否定的な反応に凹んだり怒ったりしながら，道筋は曖昧なまま自分の生活を満たそうとする。つかの間の彼女らを見るだけでは，文章技法の向上や画像加工ソフトの習得など，手段としての学習（変化）が目につくかもしれない。しかし息長く関わってみると，彼女らにとっての学習とは，よりよい何者かになる，曖昧ながらも全人格的な変容を伴うものである。

　もともと沼にいた人たち，沼の住人に誘われた人びと，それぞれがある深みにまで潜っている。次に考える人は，その深みを手がかりにさらに沼の奥まで行き着く。おそらくひとりでは行き着けなかったであろう深みまで，お互いの肩につかまりながら，どんどんどんどんたどり潜る。沼での自分の活動が，沼を訪れた他者の行為の手がかりになるかどうかはわからない。半ば無意図的に，もしかしたらさらなる深みへの手がかりとなるかもしれない「暫定的な提案や実験」に近い。

　不正確だったり，あやしい情報であったりと玉石混交であるが，暫定的な提案を厳しく取り締まるのではなく，むしろ積極的に許容する。仮に，誰かの創作が面白いアイディアとして他の誰かの手がかりとなったら，多くの場合，さらに発展させてみたらどうなるだろうという次の欲望の実験を生む。コントロールを手放し，共愉的な提案と実験が繰り返されるうちに，とんでもなく効果的な改造方法や，魅力のある新しい作品ができあがる。

　自分が行き着いた沼の深みにおいて，損得勘定を伴うお返しとは異なる贈与を目にする。共通の目的のため，人はお返しを求めることなく贈与する。人びとが共通の目的のもとでともに活動している

とき，各人はその能力に応じて貢献し，その必要に応じて与えられる。デヴィッド・グレーバー (2016) の『負債論』によれば，産業主義的な仕事においても同様の贈与が見られる。「水道を修理しているだれかが『スパナを取ってくれないか』と依頼する時，その同僚が『そのかわりになにをしてくれる？』などと応答することはない。たとえその職場がエクソン・モービルやバーガー・キング，ゴールドマン・サックスであったとしても，である。その理由はたんに効率にある。真剣になにごとかを達成することを考えているなら，最も効率的な方法はあきらかに，……それを遂行するため必要なものを与えあうことである」（グレーバー，2016，p.134）。

沼は，ひとりではまっているように見えて，実は返礼や互酬性の意識に先立つ何人もの共愉的な贈与の感覚でできている。共愉的な活動では，自分以外の誰かに向けて，他者にとっても愉しい「かもしれない」行為に没頭する。そうすることで，集合体全体がより愉しく生きることを結果的に実現しているように見える。自分自身がより愉しく生きることで，自分以外の誰かがより愉しく生きることにもつながる。その結果，集合体は共愉的になり，自分もさらに愉しく生きていく。

交換は，複数人が，それぞれ与えた分だけ等価で受け取るやりとりのプロセスである。グレーバー (2016) に従えば，「交換はわたしたちの負債の解消を可能にしてくれる」。交換は負い目感情をチャラにする手段であり，やりとりの完了とともに両者の関係を途切れさせることもできる。一方で，各人がその能力に応じて貢献し，各人にその必要に応じて与えられる人間関係（デヴィッド・グレーバーはこれをコミュニズムと呼ぶ）は，あらゆる人間の社交性（社会的交通可能性，sociability）の基盤となるとする。

ココさん，アイ，ユキの深みがどのようなものであって，彼女らが深みで何を実践しているのかを，フィールド認知科学の観点から

言い当てにいくのが，伝統的なフィールドワーカーの仕事である。ぱっと見のんびりとしたイベント会場やインタビューの逐語も，何十回か重ねていくうちに，解像度が上がる。きわめて些細なところで，つついたら面白そうなものが見えてくる。フィールドワークは，些細な日常の増幅装置（アンプリファイア）だ。小さくて，些細な心のざわめきを最大に増幅する。

寒ブリファイヤ〜〜!!

　ただし，もしかしたら「一見不合理なものの合理性」を了解できたかのようでいて，実は沼の淵に立っているにすぎない場合もある。そこから先に，最適速度で一緒に遊んでこそたどり着ける領域が無数にあるかもしれない。どうしてそのフィールドに足を運んだのかはよくわからぬまま，対象世界に入り込んで，巻き込まれてみる。調査の相手を対象化する余裕もなく，相手がすることをよく見て，相手が言うことをよく聞いてみる。もしかしたら対象世界の人びとの何人かを結果的にフィールドワークに巻き込み，お互いに「面白いこと」を見つけていくかもしれない。フィールドワークとは贈与を土台に築かれた活動であり，与えられたものをありがたく受け取る活動である。相手からありがたく，また愉しく受け取ることで，想像力はきっと豊かになり，そこから論を開いていくことが

できる（かもしれないし，できないかもしれない）。フィールドワーカーは，人びとについての研究を生み出すというよりも，むしろ人びとと共に成果を創る。共愉的なフィールドワークもまた，お互いの生活の濃度を高める活動のひとつである。

　チサトさんにSNSで連絡をとり，本書の内容を確認してもらったところ，「学校で同人誌を読むなどという愚行を犯していた当時のわたしを殴りつけたい」と返信が届いた。「過去の恥辱に悶え，慚愧（ざんき）に堪えない」とも記されていた。チサトさんの言う「愚行」，「恥辱に悶える」，「慚愧に堪えない」といった独特な「コード」のような表現を，今のわたしはニヤニヤしながら解する。チサトさんに「ヤオイってなに？」と聞いていた頃の視点から返信を読むことは，もはや難しい。

　チサトさんの文面には，コードを共有している他者への「ネタ」が含まれているように思われる。チサトさんと出会った頃のわたしなら，「どうして恥辱に悶えるの？」とベタに問うていたかもしれない。ファンの社会的世界に位置づく正統的な周辺性とはかけ離れたところからの，おそろしい質問だ。ユキ，アイ，リツたちとの会話においても，「当たり前だからわざわざ言わない」ことが増えてきたように思われる。「なんでコスプレするの？」と聞くこともない。「○○のためです！」といった，第三者が納得するような，無理をしてひねり出した返答を受けることもない。

　長い時間のフィールドワークにおいて，彼女らの社会的世界，社会的実践に知らず知らずのうちに参加してきた。レイブ＆ウェンガー（1993）にならえば，フィールドワーカーの周辺的参加，すなわち「変わりつづける参加の位置と見方」こそが，この長いフィールドワークにおける学習の軌道であり，アイデンティティであり，成員性の形態にほかならない。

34) イリイチの議論は，道具と歓びの関連として読み解くことで，今なお重大な示唆を与える。たとえばコンピュータやインターネット，特に初期のそれらは，「自分とともに働いてくれる新しい道具」としての力を持っている（古瀬・広瀬，1996）。より最近では，人と人工知能が，お互いの得手不得手をいかして，協働的に創造的な活動をするような実践に「コンヴィヴィアルな道具」の姿が垣間見られる（岡部・大谷，2019，岡部・大谷・永盛，2020）。わたしたちが十分に満足を覚え，豊かに想像を喚起し，自律的である活動のために用いることのできる道具の姿である。

35) 森（1993）の『モダンのアンスタンス』によれば，公教育としての学習活動は決して自明のものではなかったことがわかる。森（1993）によれば，1871年に発足した文部省による「教育」の導入とは，実は，具体的建築物というセッティングや，「教育」の場として認識される振る舞い方の導入に他ならなかった。それは，「教育」がない世界に「教育」を放射する作業であり，文部省はじめ教育関係者は，教室への入場から号令に基づく身体管理，「学校語」などのさまざまな学校的プラティックを図示しながら，その場が「教育」として成立するための相互行為上の特質を敷衍していった。

36) コネクティドラーニング・リサーチネットワークとつながりの深いヘンリー・ジェンキンス（2021）も『コンヴァージェンス・カルチャー』において，ファンの興味と学習，市民参加との連帯について述べている。コンヴァージェンス・カルチャーとは，二次創作やコスプレを愉しむファンや，愛好する作品のグッズや関連商品を求めるファンたちが，運営に携わる企業，組織のやり方に対して，ソーシャル・メディアなどで私見を表明したり，時に異を唱えたりする現象のことを指す。ジェンキンスは，スラッシュ・フィクション（日本における「やおい」）をはじめとする女性ファンの興味，そして歓びと快楽は，妄想を通した現実からの待避所だけではなく，現実世界への主体的な参加や学習の場を生成すると主張している。

37) イリイチの議論もつながりの学習も，わたしたちの知が，道具と相互作用するものであることを示す。活動に歓びを見出すといった主体的なことがら，すなわちエージェンシーは，行為者の脳の中だけで成立する行為ではない。Callon（2004）は，ひとが何を求め，考え，感じるかといったエージェンシーのあり方は，行為のネットワークのなかで関係的にのみ存在することを示す。さらに青山（2012）は，単に人間の主体が考えて行動したという素朴なエージェンシー理解では不足があるが，さりとて，社会関係の網の目の中にしかエージェンシーはない，というのも事後性だけを見ている点で限界があることを指摘する。

38) 土倉（2020）は，実践研究において目指されてきた「ベターメント（改善・改革）」を再考している。認知科学における実践研究では，現場に関

わるなかであらわれるベターメントが可変的，状況的であることが示されてきた。実践研究においてあらかじめ想定していた「よさ」が調整，選択されることもあり，また，研究者が入ることで現場や研究者の認識する「よさ」も変化する。

引用文献

秋谷直矩・水川喜文 (2017).　エスノメソドロジーとワークプレイス研究の展開.　水川喜文・秋谷直矩・五十嵐素子（編）.『ワークプレイス・スタディーズ—はたらくことのエスノメソドロジー』.　ハーベスト社.

青山征彦 (2018).　継続的な実践を支える文脈：趣味のアクセサリー制作を例に.　日本認知科学会第 35 回大会発表論文集，599-601.

青山征彦 (2012).　エージェンシー概念の再検討：人工物によるエージェンシーのデザインをめぐって.『認知科学』，**19**(2), 166-174.

有元典文 (2019).　教育におけるパフォーマンスの意味.　香川秀太・有元典文・茂呂雄二（編）『パフォーマンス心理学入門　共生と発達のアート』．141-160．新曜社.

有元典文・岡部大介 (2013).『デザインド・リアリティ [増補版]：集合的達成の心理学』．北樹出版.

Barron, B (2006).　Interest and Self-Sustained Learning as Catalysts of Development: A Learning Ecology Perspective. *Human Development*, **49**, 193-224.

ベッカー，ハワード　村上直之（訳）(1978).『アウトサイダーズ：ラベリング理論とは何か』．新泉社.

Benkler, Y (2006).　*The Wealth of Networks: How Social Production Transforms Markets and Freedom*.　New Haven, CT: Yale University Press.

ボーデン，イアン　齋藤雅子・中川美穂・矢部恒彦（訳）(2006).『スケートボーディング，空間，都市—身体と建築』．新曜社.

Bucholtz, M. (1999).　"Why be normal?": Language and identity practices in a community of nerd girls. *Language in Society*, **28**(2), 203-223.

Callon, M. (2004).　The role of hybrid communities and socio-technical arrangements in the participatory design. *Journal of the center for information studies,* **5**, 3-10.

Chaiklin, S. (2003). The zone of proximal development in Vygotsky's analysis of learning and instruction. In A. Kozulin, B. Gindis, V. S. Ageyev, & S. M. Miller (Eds.), *Learning in doing. Vygotsky's educational theory in cultural context*, 39-64, Cambridge University Press.

コール，マイケル・シルビア，スクリブナー　若井邦夫（訳）(1982).『文化と思考：認知心理学的考察』．サイエンス社.

コリンズ，アラン・ハルバーソン，リチャード　稲垣忠・亀井美穂子・林向達・金子
　大輔・益川弘如・深見俊崇（訳）(2020).『デジタル社会の学びのかたち Ver.2：
　教育とテクノロジの新たな関係』. 北大路書房.

Crabtree, A, Tolmie, P & Rouncefield, M (2016). Cooking for Pleasure.
　Tolmie, P& Rouncefield, M. (Eds.) *Ethnomethodology at Play*, 21-51,
　Routledge.

ド・セルトー，ミシェル　山田登世子（訳）(1987).『日常的実践のポイエティー
　ク』. 国文社.

ドゥ・ゲイ，ポール・ジェーンズ，リンダ・ネーガス，キース・ホール，ステュアー
　ト・マッケイ，ヒュー　暮沢剛巳（訳）(2000).『実践カルチュラル・スタディー
　ズ：ソニー・ウォークマンの戦略』. 大修館書店.

伝康晴・諏訪正樹・藤井晴行 (2015). 特集「フィールドに出た認知科学」編集にあ
　たって.『認知科学』, **22**(1), 5-8.

Engeström, Yrjö. (2009). Wildfire Activities: New Patterns of Mobility
　and Learning. *International Journal of Mobile and Blended Learning*,
　1(2), 1-18.

フィスク，ジョン　山本雄二（訳）(1998)『抵抗の快楽—ポピュラーカルチャーの記
　号論』, 世界思想社.

古瀬幸広・広瀬克哉 (1996).『インターネットが変える世界』. 岩波新書.

ガーフィンケル，ハロルド　山田富秋・好井裕明・山崎敬一（訳）(1987). アグネ
　ス，彼女はいかにして女になり続けたか—ある両性的人間としての通過作業とその
　社会的地位の操作的達成. ハロルド・ガーフィンケル（編）山田富秋・好井裕明・
　山崎敬一（訳）『エスノメソドロジー—社会学的思考の解体』. 233-322. せりか書
　房.

ゴードン，アンドリュー　大島かおり（訳）(2013).『ミシンと日本の近代』. みすず
　書房.

グレーバー，デヴィッド　酒井隆史・高祖岩三郎・佐々木夏子（訳）(2016).『負債
　論』. 以文社.

林達夫 (1939). アマチュアの領域.『近代日本思想大系 26 林達夫集』. 筑摩書房.

ヘブディッジ，ディック　山口淑子（訳）(1986).『サブカルチャー—スタイルの意
　味するもの』. 未来社.

ホルツマン，ロイス・ニューマン，フレド　伊藤崇・川俣智路（訳）(2020).『革命
　のヴィゴツキー：もうひとつの発達の最近接領域』. 新曜社.

ホルツマン，ロイス　茂呂雄二（訳）(2014).『遊ぶヴィゴツキー—生成の心理学
　へ—』. 新曜社.

細馬宏通・菊池浩平 (2019).『ELAN 入門：言語学・行動学からメディア研究ま
　で』. ひつじ書房.

細馬宏通 (2018). 映像を指し示す—やりとりのもたらすメディア理解—.『世界思
　想』, **45**, 91-96.

細馬宏通 (2016). 『介護するからだ』. 医学書院.

細馬宏通 (2014). 相互行為としてのページめくり. 『認知科学』, **21**(1), 113-124.

ホイジンガ, ヨハン　高橋英夫（訳）(1973). 『ホモ・ルーデンス』. 中央公論新社.

イリイチ, イヴァン　渡辺京二・渡辺梨佐（訳）(1989). 『コンヴィヴィアリティのための道具』. 日本エディタースクール出版部.

イリッチ・イヴァン　東洋・小澤周三（訳）(1977). 『脱学校の社会』. 東京創元社

今村仁司 (2000). 『交易する人間　贈与と交換の人間学』. 講談社.

井上雅人 (2017). 『洋裁文化と日本のファッション』. 青弓社.

井上雅人 (2010). 洋裁文化の構造—戦後期日本のファッションと, その場・行為者・メディア（1）. 『京都精華大学紀要』, **37**, 24-42.

石田喜美・岡部大介 (2014). 「少女文化」の中の腐女子. 宮台真司（監修）辻泉・岡部大介・伊藤瑞子（編）. 『オタク的想像力のリミット―〈歴史・空間・交流〉から問う』. 329-369, 筑摩書房.

Ito, M, Arum, R, Conley, D, Gutiérrez, K, Kirshner, B, Livingstone, S, Michalchik, V, Penuel, B, Peppler, K, Pinkard, N, Rhodes, J, Salen, K, Schor, J, Sefton-Green, J, and Watkins, C. (2020). *The Connected Learning Research Network: Reflections on a Decade of Engaged Scholarship.* Digital Media and Learning Research Hub.

Ito, M, Gutierrez, K, Livingstone, S, Penuel, B, Rhodes, J, Salen, K, Schor, J, Sefton-Green, J, and Watkins, S. C. (2013). *Connected Learning.* Digital Media and Learning Research Hub.

Ito, M, Okabe, D, and Tsuji, I. (2012). *Fandom unbound: Otaku culture in a connected world.* Yale University Press.

Ito, M, Baumer, S, Bittanti, M, boyd, d, Cody, R, Stephenson, B, Horst, H, Lange, P, Mahendran, D, Martínez, K, Pascoe, C. J., Perkel, D, Robinson, L, Sims, C, and Tripp, L. (2009). *Hanging Out, Messing Around, and Geeking Out Kids Living and Learning with New Media.* The MIT Press.

Ito, M and Okabe, D. (2005). Technosocial Situations: Emergent Structurings of Mobile Email Use. Ito, M, Okabe, D, and Matsuda, M (Eds). *Personal, Portable, Pedestrian: Mobile Phones in Japanese Life.* 257-273. MIT Press.

伊藤崇 (2020). 『大人につきあう子どもたち：子育てへの文化歴史的アプローチ』. 共立出版.

伊藤崇 (2015). 幼児による家族内会話への傍参与の協同的達成. 『認知科学』, **22**(1), 138-150.

岩野卓司 (2019). 『贈与論—資本主義を突き抜けるための哲学』. 青土社.

ジェンキンズ, ヘンリー　渡部宏樹・北村紗衣・阿部康人（訳）(2021). 『コンヴァージェンス・カルチャー：ファンとメディアがつくる参加型文化』. 晶文社.

Jenkins, H. (2009). *Confronting the Challenges of Participatory Culture*. The MIT Press.

Jenkins, H. (1992). *Textual Poachers: Television Fans and Participatory Culture*. Routledge.

上平崇仁 (2020). 『コ・デザイン―デザインすることをみんなの手に』. NTT 出版.

神野由紀・辻泉・飯田豊 (2019). 『趣味とジェンダー 〈手づくり〉と〈自作〉の近代』. 青弓社.

香川秀太 (2019). 所有, 贈与, 創造的交歓―関係論の解散へ. 香川秀太・有元典文・茂呂雄二 (編)『パフォーマンス心理学入門 共生と発達のアート』. 57-76. 新曜社.

香川秀太・青山征彦 (2015). 異質なコミュニティをまたぐ, つなぐ. 香川秀太・青山征彦 (編)『越境する対話と学び：異質な人・組織・コミュニティをつなぐ』. 1-15.

片岡栄美 (2019). 『趣味の社会学 文化・階層・ジェンダー』. 青弓社.

加藤文俊 (2009). 『キャンプ論：あたらしいフィールドワーク』. 慶應義塾大学出版会.

加藤文俊・木村健世・木村亜維子 (2014). 『つながるカレー コミュニケーションを「味わう」場所をつくる』. フィルムアート社.

岸政彦 (2016). 質的調査とはなにか. 岸政彦・石岡丈昇・丸山里美 (編)『質的社会調査の方法―他者の合理性の理解社会学』. 有斐閣.

北田暁大・解体研 (2017). 『社会にとって趣味とは何か：文化社会学の方法規準』. 河出書房新社.

北村紗衣 (2019). 『お砂糖とスパイスと爆発的な何か―不真面目な批評家によるフェミニスト批評入門―』. 書肆侃侃房.

北村紗衣 (2018). 『シェイクスピア劇を楽しんだ女性たち―近世の観劇と読書―』. 白水社.

久保 (川合) 南海子 (2019). 異投射・虚投射の発生と共有：腐女子の妄想と二次創作を通じて. 『認知科学』, **26**(1), 40-51.

レイブ, ジーン・ウェンガー, エティエンヌ 佐伯胖 (訳) (1993). 『状況に埋め込まれた学習：正統的周辺参加』. 産業図書.

レヴィ＝ストロース, クロード 大橋保夫 (訳) (1976). 『野生の思考』. みすず書房.

松村圭一郎・中川理・石井美保 (編) (2019). 『文化人類学の思考法』. 世界思想社.

松浦李恵・加藤文俊・岡部大介 (2019). 家の中における趣味活動のフィールドワーク：コスプレ衣装製作にみる人工物と家族とのインタラクション. 『認知科学』, **26**(4), 440-455.

松浦李恵 (2015). 人工物の利用を通した成員性と「境界する物」 キャラクターを支える遊びとしてのコスプレを対象に. 『質的心理学フォーラム』, **7**, 14-23.

松浦李恵・岡部大介 (2014). モノをつくることを通した主体の可視化―コスプレフ

ァンダムのフィールドワークを通して．『認知科学』，**21**(1)1，141-154.

森重雄 (1993)．『モダンのアンスタンス―教育のアルケオロジー』．ハーベスト社.

中原淳 (2010)．『職場学習論―仕事の学びを科学する』．東京大学出版会.

中原淳・長岡健 (2009)．『ダイアローグ　対話する組織』．ダイヤモンド社.

南部美砂子・大塚裕子・冨永敦子・藤野雄一 (2015)．大学連携ワークショップにおける境界のデザイン　記録係のリフレクションの分析から．『質的心理学フォーラム』，**7**，24-35.

ニューマン，フレド・ホルツマン，ロイス　伊藤崇・川俣智路 (訳) (2020)．『革命のヴィゴツキー　もうひとつの「発達の最近接領域」理論』．新曜社.

ニューマン，フレド・ゴールドバーグ，フィリス　茂呂雄二・郡司菜津美・城間祥子・有元典文 (訳) (2019)『みんなの発達！　―ニューマン博士の成長と発達のガイドブック』．新曜社.

小田亮 (2000)．『レヴィ＝ストロース入門』．筑摩書房.

小川博司 (2018)．特集　ファン文化の社会学によせて．『新社会学研究』**3**，14-49，新曜社.

尾川満宏 (2010)．『ハマータウンの野郎ども』の現代的視座：現代の〈野郎ども〉はいかに社会へと移行しているのか．『広島大学大学院教育学研究科紀要』，**59**，29-37.

小川さやか (2016)．『「その日暮らし」の人類学―もう一つの資本主義経済』．光文社新書.

小川さやか (2011)．『都市を生きぬくための狡知―タンザニアの零細商人マチンガの民族誌』．世界思想社.

岡部大介・大谷紀子・永盛祐介 (2020)．音楽大学の楽曲制作プロジェクトにおける人工知能を活用した学習環境デザインの一事例．『教育システム情報学会誌』，**37**(2)，161-166.

岡部大介・大谷紀子 (2019)．アーティストと人工知能技術の協働作曲にみる創造と省察．『質的心理学研究』，**18**，61-75.

岡部大介・松浦李恵 (2016)．趣味的なものづくりを通した学習のフィールドワーク―大学におけるデジタル工作機械の利用に着目して．『ヒューマンインタフェース学会論文誌』，**18**(1)，19-26.

岡部大介・加藤文俊・木村健世 (2014)．墨東大学の挑戦．香川秀太・青山征彦 (編)．『越境する対話と学び：異質な人・組織・コミュニティをつなぐ』．293-308．新曜社.

岡部大介 (2009)．青年期前期のメディア利用からみる友人関係―女子高校生のプリクラ利用を中心に．『社会情報学研究』，**13**(1)，1-15.

岡部大介 (2008)．腐女子のアイデンティティ・ゲーム：アイデンティティの可視／不可視をめぐって．『認知科学』，**15**(4)，671-681.

太田礼穂 (2019)．状況論からパフォーマンス心理学へ．香川秀太・有元典文・茂呂雄二（編）『パフォーマンス心理学入門　共生と発達のアート』．41-56．新曜社.

レディ，ヴァスデヴィ　佐伯胖（訳）(2015).『驚くべき乳幼児の心の世界』．ミネルヴァ書房.

レズニック，ミッチェル・村井裕実子・阿部和広 (2019).『ライフロング・キンダーガーテン　創造的思考力を育む 4 つの原則』．日経 BP 社.

ラインゴールド，ハワード　青木真美・栗田昭平（訳）(1985).『思考のための道具—異端の天才たちはコンピュータに何を求めたか？』．パーソナルメディア.

佐伯胖（編）(2017).『「子どもがケアする世界」をケアする　保育における「二人称的アプローチ」入門』．ミネルヴァ書房.

佐伯胖 (2014).　そもそも「学ぶ」とはどういうことか：正統的周辺参加論の前と後.『組織科学』，**48**(2), 38-49.

佐伯胖 (1996).「特集—アーティファクトの認知科学」編集にあたって.『認知科学』，**3**(2), 3-4.

サイード，エドワード　大橋洋一（訳）(1995).『知識人とは何か』．平凡社.

坂井田瑠衣・諏訪正樹 (2015).　身体の観察可能性がもたらす協同調理場面の相互行為.『認知科学』，**22**(1), 110-125.

佐藤郁哉 (1992).『ワードマップ　フィールドワーク　書を持って街へ出よう』．新曜社.

シカール，ミゲル　松永伸司（訳）(2019).『プレイ・マターズ　遊び心の哲学』．フィルムアート社.

菅付雅信 (2015).『物欲なき世界』．平凡社.

サッチマン，ルーシー　佐伯胖・水川喜文・上野直樹・鈴木栄幸（訳）(1999).『プランと状況的行為—人間-機械コミュニケーションの可能性』．産業図書.

杉山昂平・森玲奈・山内祐平 (2018).　成人の趣味における興味の深まりと学習環境の関係アマチュア・オーケストラ団員への回顧的インタビュー調査から.『日本教育工学会論文誌』，**42**(1), 31-41.

諏訪正樹 (2019).　二人称的（共感的）関わり—共創現象を解く鍵.『共創学』．**1**(1), 39-43.

諏訪正樹 (2018).『身体が生み出すクリエイティブ』．筑摩書房.

諏訪正樹 (2013).　見せて魅せる研究土壌—研究者が学びあうために.『人工知能学会誌』．**28**(5), 695-701.

鈴木宏昭 (2019).　プロジェクション科学の目指すもの.『認知科学』，**26**(1), 52-71.

高木光太郎 (2001).『ヴィゴツキーの方法—崩れと振動の心理学』．金子書房.

高木光太郎 (2000).　行為・知覚・文化—状況的認知アプローチにおける文化の実体化について.『心理学評論』，**43**, 43-51.

高梨克也・関根和生 (2010).　サッカーにおける身体の観察可能性の調整と利用の微視的分析.『認知科学』，**17**(1), 236-240.

田中東子 (2012).『メディア文化とジェンダーの政治学—第三波フェミニズムの視点から』．世界思想社.

田中東子 (2009). コスプレという文化. 成美弘至（編）『コスプレする社会―サブカルチャーの身体文化』. 24-55. せりか書房.

東畑開人 (2019). 『居るのはつらいよ　ケアとセラピーについての覚書』. 医学書院.

土倉英志 (2020). 変わりゆく実践研究と実践研究における研究者の役割：サイエンスカフェの実践研究のエスノグラフィ. 『認知科学』, **27**(2), 192-205.

辻泉 (2018). 『同担拒否』再考：アイドルとファンの関係，ファン・コミュニティ. 『新社会学研究』3, 34-49.

辻泉 (2012). 「観察者化」するファン―流動化社会への適応形態として. 『アド・スタディーズ』, **40**, 28-33.

ヴィゴツキー，レフ　土井捷三・神谷栄司（訳）(2003). 『「発達の最近接領域」の理論―教授・学習過程における子どもの発達』. 三学出版.

Vygotsky, L. (1978). *Mind in Society: Development of Higher Psychological Processes.* Harvard University Press.

Wenger, E. (1998). *Communities of practice: Learning meaning and identity.* Cambridge University Press.

Wenger, E. (1990). Toward a Theory of Cultural Transparency: Elements of a Social Discourse of the Visible and Invisible, Doctoral Dissertation, Department of Information and Computer Science at the University of California, Irvine. Retrieved from ProQuest Dissertations & Theses (Accession Order No. 9109659).

ウィリス，ポール　熊沢誠・山田潤（訳）(1996). 『ハマータウンの野郎ども―学校への反抗・労働への順応』. 筑摩書房.

上田信行 (2020). 学習環境デザイン. 篠原正典・荒木寿友（編）『教育の方法と技術』. 58-80. ミネルヴァ書房.

上田信行 (2009). 『プレイフル・シンキング　仕事を楽しくする思考法』. 宣伝会議.

上田信行・中原淳 (2012). 『プレイフル・ラーニング＝ PLAYFUL LEARNING：ワークショップの源流と学びの未来』. 三省堂.

上野直樹・ソーヤーりえこ（編著）(2006). 『文化と状況的学習　実践，言語，人工物へのアクセスのデザイン』. 凡人社.

上野直樹 (1991). 状況論的認知. 日本児童研究所（編）『児童心理学の進歩』. 283-315. 金子書房.

ユクスキュル，ヤーコプ・クリサート，ゲオルク　日高敏隆・羽田節子（訳）(2005). 『生物から見た世界』. 岩波書店.

牛山美穂 (2005). 少女のサブカルチャーにみるジェンダー・パロディの実践―コスプレ少女の事例から. 『文化人類学研究』, **6**, 146-162.

山本哲士 (2009). 『イバン・イリイチ―文明を超える「希望」の思想』. 文化科学高等研究院出版局.

山本哲士 (1990). 『コンビビアルな世界　メヒコからみえてくるもの』. 日本エディタースクール出版部.

あとがき

「オカベさんがあーでもないこーでもないと考えていることを，そのまま書いたものを読みたい」

　浜松の肴町で生シラスを食したあと，セブンイレブンで購入したカフェラテを飲みながら，ナンブさん（はこだて未来大学）が言い放ってくれました。静岡大学浜松キャンパスで開催された日本認知科学会の大会初日の夜，逗留先のホテルオークシティに戻り，どのタイミングでうなぎを食べるべきか，ラウンジで激論していた時です。

　学術論文は，こむずかしい文体が多いけれども，比較的書きやすいと思います。学会が設定している投稿規定にある決まったお作法，書き方のルールにのっとって書くことで，ちょっとずつ真っ白なテキストエディタが埋められていきます。わたしでもなんとかなるような気がします。また学術論文の場合は，論文内容の評価や検証，そしてタイポチェックまでする査読者めがけて文章を構成することになります。でも，ひとりで仕上げる書籍は，宛先の設計が困難です。ナンブさんに誘われて，「考えていることを，そのまま書く」ことに向かえました。やっとこさ，起点も到達点も分からないフィールドワークをもとに，うつろいやすい視点をそのままにして書き進められました。

　フィールドワークにご協力いただいた方々に，心から御礼申し上げます。本当に面白かったです。ありがとうございました。

　編集担当の鈴木宏昭先生，高木光太郎先生，共立出版の河原優美さん，日比野元さんには無限にお世話になりました。大谷紀子先生

に通読を求めた結果，読みにくかった文章が激しく改善されました。90 年代からこれまで，コンヴィヴィアルな議論に誘ってくれた（本書で勝手にエピソードを記した）先生方，本当にありがとうございました。いろいろと昔話を書いてごめんなさい。

　研究室の学生の方々には，本当にお世話になりました。本書で紹介したフィールドワークの多くは，研究室の学生，大学院生との共著論文に基づいています。学会誌に掲載されていなくとも，研究室の多くの学生がファンのアフィニティ・ネットワークに関係する卒業論文を書き上げてくれました。学生の卒業論文を通して，わたし自身かなりのことを学びました。

　本書のなかの，ときに膝から砕けそうになる愛すべきイラストたちは，カナイガさんによるものです。音楽で耳を覆って執筆をしたい時，「かえる目」と「コトリンゴ」のアルバムにかなりお世話になりました。♪桃太郎には，鬼大事！

　この書籍は，役に立つ知的生産という仕事のなかにはないように思います。知性や学習の正体が不明なまま，そのことに不安になりながらも，ただ本書を読んでくれたみなさま，ありがとうございます。「わけがわからない」という文脈に身を投じることも，ときには大切なことかもしれません（し，そうじゃないかもしれません）。

暦の上ではディセンバー

岡部　大介

コンビ ビアール!!

索　引

著　者

岡部大介（おかべ　だいすけ）

1973 年山形県鶴岡市生まれ。横浜国立大学教育学研究科助手，慶應義塾大学 SFC
政策・メディア研究科研究員を経て，現在，東京都市大学メディア情報学部社会メ
ディア学科教授。博士（学術）。専門は認知科学，フィールドワーク。
主要著書は『Personal, Portable, Pedestrian: Mobile Phones in Japanese
Life』（共編著，MIT Press，2005 年），『Fandom Unbound: Otaku Culture
in a Connected World』（共編著，Yale University Press，2012 年），『デザ
インド・リアリティ［増補版］集合的達成の心理学』（共著，北樹出版，2013 年），
『オタク的想像力のリミット：〈歴史・空間・交流〉から問う』（共編著，筑摩書房，
2014 年）。

挿絵協力：カナイガ

越境する認知科学 8

ファンカルチャーのデザイン
―彼女らはいかに学び，創り，「推す」のか

Designing Fan Cultures:
Learning, Creating, and "Stanning"
in Female Fandom

2021 年 8 月 25 日　初版 1 刷発行

検印廃止

NDC 007.1, 141.51, 361.5

ISBN 978-4-320-09468-0

著　者　岡部大介　© 2021

発行者　南條光章

発行所　**共立出版株式会社**
郵便番号　112-0006
東京都文京区小日向 4-6-19
電話　03-3947-2511（代表）
振替口座　00110-2-57035
www.kyoritsu-pub.co.jp

印　刷　大日本法令印刷
製　本　ブロケード

一般社団法人
自然科学書協会
会員

Printed in Japan

シリーズについて

[編集委員]
鈴木宏昭（編集代表）
植田一博・岡田浩之・岡部大介・
小野哲雄・高木光太郎・田中章浩

[各巻] 四六版・上製本・税込価格

越境する認知科学　日本認知科学会 編

これまでの研究領域や研究方法を越境して拡大・深化し続けている認知科学。野心的、かつ緻密な論理に貫かれた研究によって、ここに知性の姿が明らかになる。

シリーズ全13巻

※定価, 続刊の書名, 著者名は
　予告なく変更される場合がございます

共立出版